民國文化與文學研究文叢

四編 南京大學特輯

李怡 沈衛威 主編

第10冊

論廢名的創作特徵

李 璐 著

國家圖書館出版品預行編目資料

論廢名的創作特徵／李璐 著 -- 初版 -- 新北市：花木蘭文化出版社，2014〔民103〕
目 2+160 面；19×26 公分
（民國文化與文學研究文叢 四編；第 10 冊）
ISBN 978-986-322-804-2（精裝）
1.馮文炳　2.學術思想　3.文學評論
541.26208　　　　　　　　　　　　　　　103012905

ISBN-978-986-322-804-2
9 789863 228042

民國文化與文學研究文叢
四　編　第十　冊
ISBN：978-986-322-804-2

論廢名的創作特徵

作　　者　李璐
主　　編　李怡　沈衛威
企　　劃　四川大學現代中國文化與文學研究中心
　　　　　北京師範大學民國歷史文化與文學研究中心
總 編 輯　杜潔祥
印　　刷　普羅文化出版廣告事業
出　　版　花木蘭文化出版社
發 行 人　高小娟
聯絡地址　235 新北市中和區中安街七二號十三樓
　　　　　電話：02-2923-1455／傳真：02-2923-1452
網　　址　http://www.huamulan.tw 信箱 hml 810518@gmail.com
初　　版　2014 年 9 月
定　　價　四編 12 冊（精裝）新台幣 20,000 元

論廢名的創作特徵

李 璐 著

作者簡介

李璐，1981 年 6 月生，安徽省安慶市人。喜愛文字，在南京大學徜徉了十年，跟從潘志強老師、沈衛威老師和諸位師友學習，現在杭州《西湖》雜誌社工作。

提　要

　　廢名的作品有獨特的創造性。本文試圖對廢名創作的思想資源、思想和審美特徵做觀照，優點是分析細膩，一個亮點是考察廢名用典的意義特徵。廢名稱用典爲「成熟的溢露」，認爲中國文章特典故。他有時通過改變典面使典故符合他想表達的意思，更多時候是不顧典故的出處義、常用義，將典故還原爲典面上的幾個組成部分，然後分別對這些部分賦予不同於原義的新義，使整個典故的意義發生轉變。廢名大量用典故字面義，使用典這一文學手法從古代的方式轉化成現代的方式，爲古代文學資源進入白話文尋到了一條通道。

　　廢名早期關注《論語》、《老子》、《莊子》，中期關注《孟子》、《四書集注》、《伊川學案》，後期關注唯識宗的理論。廢名的小說人物，特別是成熟期代表作中的人物，都不是現實生活中可見的人物，是廢名在中國傳統中提取出來的思想資源的代表。他們的一言一行、一顰一笑都有深刻的思想背景。廢名想描摹或言說的對象，往往不是他所直陳的對象，而是其所象徵的一個龐大的體系。廢名作品中幾個較核心的意象：「影子」意象顯現出生死「相對」的態度，「鏡」、「墳」是「自我」的象徵，「葉子」象徵記憶和完整的生命，「燈」象徵智慧和光明。廢名並不「晦澀」。只要把握了廢名的核心意象所表徵的生命體悟，句與句間「最長的空白」便很好理解。

　　愛情是廢名作品關注的核心問題之一。廢名由此思考人的欲望，體現出從愛情中解脫人我、生死的特色。廢名將女子的命運歸結到悲觀的「尼庵」或「墳地」，提出「自己守自己的影兒」，可以將其看爲廢名對美麗事物在世間命運的一個體認。

　　在對西方文學與中國文學的思考中，廢名認爲中國文學急迫於眼前生活，對玄思和審美世界的追求便成爲廢名「矯枉」或者說爲民族文化注入生機的嘗試。廢名標舉幻想境界，力圖超脫現實的功利一面，追求唯美的藝術境界，其「女子世界」突出幻想中女子的非功利、大膽有個性的一面，「神仙世界」則富於人情。廢名的小說可稱爲「思想文化型」小說，它體現出廢名對現實世界「表象」之下引起人種種體悟的世界的關注。

目
次

緒　論

第一節　廢名研究綜述

　　已有的廢名研究成果可以粗略地以 1949 年爲界分爲兩部分──1949 年前，周作人、卞之琳、林庚、程鶴西（侃聲）、朱英誕、灌嬰（余冠英）、朱光潛、李健吾、吳小如等人對廢名作品的分析多屬鑒賞性的評論。1949 年後，止菴、汪曾祺、格非、吳曉東、張麗華等人從不同角度對廢名作品做了較系統的分析。綜合起來看，這兩部分研究的著眼點大體可歸納爲以下五方面：

　　一、從鑒賞的角度對廢名小說的氣氛、廢名鍾愛的人物、廢名的文體特徵作分析，對廢名小說的詩境、畫境、禪趣和玄悟內容做揭櫫；

　　二、以現代文論如敘事學的方法切入廢名小說，考察其時、空結構；

　　三、對廢名小說作形式研究，關注廢名小說的詩化、散文化特徵，或以「心象小說」概括廢名小說的氣質，以「文字禪」解讀廢名小說的語言特徵；

　　四、關注新詩創作問題，分析《談新詩》中廢名認爲新詩應具有「詩的內容，散文的形式」的觀點；

　　五、從廢名的文論、詩論入手，探討廢名對傳統文學資源的使用。

　　在研究論著中，水平較高的是格非《廢名的意義》及吳曉東《鏡花水月的世界：廢名〈橋〉的詩學研讀》。而仔細看來，兩書仍存在一些問題。吳曉東的論文共七章，分別從心象、意念化、隱喻、意象、斷片結構、美感等多角度對廢名小說做出分析，而因爲解讀工具較多，一個個用來，對廢名小說的解讀便有點傷於走馬觀花，較難將廢名說透。吳曉東建構論文的核心概念「心象」，是從禪宗及現代詩人如穆木天、陳夢家等人處找尋其淵源的。而禪

宗說的「心」，穆木天闡述的「心象」，是否符合廢名小說被解讀成的「心象」特質，需要論證說明。如果未對「心象」準確定義，只對「心」、「象」分別解釋，讀者會提問，心＋象＝心象嗎？同時，具體分析中，吳曉東認為，與「心象」的「心」密切聯繫的是「意念化」技巧，將其定義為「廢名小說中的一個個具象化的情境往往是憑藉作者或小說中人物的意在瞬間閃動之中營造的」〔註1〕。不過，不僅廢名，每部小說的情境也都是作者以意念營造的，這個定義還不足以說明廢名的特徵。此外，「瞬間閃動」這個描述，較難作準確的把握。

格非的《廢名的意義》分別以「橋」、「水」、「樹」、「夢」為題，初步將廢名小說納入敘事學的解釋系統。這幾章使用了隱喻的標題，分別論述了廢名小說作者與讀者的關係，小說的結構特徵，敘事時間、省略問題及小說想像與現實的關係。這些問題都觸碰到廢名研究的核心部分，但也都分析得不夠深透。比如，在談到省略問題時，格非舉出了《火神廟的和尚》的結尾、金喜的結局。可是，這篇廢名早期小說所用的省略筆法，只是在某些情節上的省略，應受到關注的在觀念思想、表達方式上普遍的省略問題，格非涉及得較少。也就是說，關於省略，格非的思考仍不夠深透。同時，廢名作為新文學中具有「古典風」的作家，本文很關注他在使用古典文學資源時的種種表現，但格非對這一問題稍有點不以為然。譬如，他認為廢名頻繁運用典故，是因為廢名的生活圈子較狹小、對社會現實悲觀失望、寫作素材成為問題，因此「在這樣一個前提之下，他將整個古典文化作為思考和寫作的資源之一，大量引用典籍也在情理之中」。〔註2〕與格非自己的這個判斷形成對照的是，同時被他盛讚的廢名成熟期的小說《橋》與《莫須有先生傳》恰恰是大量使用典故的文本。在這兩個文本中，幾乎分不出用典與不用典部分的界限。那麼，格非在廢名用典問題上的判斷便稍有局限。

此外，在廢名作品文獻的整理上，由王風花費10年時間編成的《廢名集》於2009年1月出版。王風對照了廢名的手稿、報刊版本和結集版本，做了詳細校勘，並在每篇的注釋中分別說明，這一文集可說是廢名作品各種版本的集大成者。而王風並未對廢名作品的不同版本做審美角度的分析，也沒有對廢名的作品作進一步解讀。

〔註 1〕吳曉東：《鏡花水月的世界：廢名〈橋〉的詩學研讀》，廣西教育出版社 2003年版，第 197 頁。

〔註 2〕格非：《塞壬的歌聲》，上海文藝出版社 2001 年版，第 290 頁。

　　2008 年出版的張吉兵《抗戰時期廢名論》試圖以《莫須有先生坐飛機以後》爲基礎，從思想方面解讀抗戰時期的廢名。可惜的是，他的兩個基本判斷存在較大問題。其一是認爲相對平實的《莫須有先生坐飛機以後》比《橋》、《莫須有先生傳》更反映出廢名的「人民性」。類似於這樣在意識形態方面已受限的框架，很難接近廢名思想豐富複雜的內涵。其二是認爲這體現出廢名的儒家特點。而對儒家思想的簡單引用只在對廢名觀點作復述的層面上，不能看到廢名對其所作的轉化。此外，廢名當時明顯的對佛經的興趣與他的儒家思想是怎樣的關係，也未曾受到關注。

　　在近年的碩博士論文中，2008 年南京大學李晗的碩士畢業論文《論廢名小說的文體》試圖從廢名的思想轉變探尋廢名小說的文體轉變之路，而由於篇幅限制，對廢名的解讀有些趨於籠統。此外，2008 年、2010 年有三本關於廢名的博士論文：山東大學謝錫文《邊緣視域　人文問思——廢名思想論》，東北師範大學石明圓《徘徊在出世與入世中間——傳統文化積澱與廢名小說的思想藝術訴求》以及吉林大學王岩石《廢名文學思想研究》。這三篇論文試圖從文學思想的角度解讀廢名及其作品，但它們有共同的不足，因中國先秦儒家、道家，以及唯識宗的思想委實太複雜，很難達到較深的理解，其中謝錫文所謂廢名「從援儒證佛到出佛歸儒」的思想轉換其實也不存在。廢名不曾真正走到佛家這邊，談不到「出佛」這個層次。廢名對佛經的理解，是取其於文學有用，或者於現實世界有解釋力的部分而做吸取的。三篇論文對廢名的解讀失於籠統和不準確，未能將廢名思想的核心顯現出來。

　　已有的研究成果不能令讀者對廢名作品的研究感到滿足。本文試圖以自己的識力尋找新的、較系統的方法進入廢名作品，在更核心的地方與廢名相遇。

第二節　選題的意義

　　選擇廢名作爲研究對象，與廢名在現代文學史上的獨特意義有關。現代文學史中的作家，都面對著中國與西方、傳統與現代、文學與政治……這一系列大問題，廢名對此的回答是當時作家中較獨特的一種。李健吾在《畫夢錄——何其芳先生作》中說：「有的是比他通俗的，偉大的，生動的，新穎而且時髦的，然而很少一位像他更是他自己的。凡他寫出來的，多是他自己

的。……唯其善感多能，他所再生出來的遂乃具有強烈的個性，不和時代爲伍，自有他永生的角落，成爲少數人留連忘返的桃源」〔註3〕，廢名作品獨特的創造性和強烈的個性，使他處於「永生的角落」。朱光潛稱廢名的詩「有一個深玄的背景，難懂的是這背景」〔註4〕，而已有的廢名研究論著對於廢名創作的思想資源和思想特徵的探究還不夠深入，有的論著止步於將廢名的自述和一些觀點簡單地組織、綜合起來，有的論著對廢名創作特徵的挖掘碰觸核心不夠，如高恒文論廢名詩歌的文章《「人類」的「災難」與「寂寞」——論廢名詩歌的思想內涵與特徵》就未能把握廢名的詩歌思路和層次，未能透過廢名詩歌的表層敘述，把握廢名的思想和審美特徵。

　　只有能深刻把握廢名其人，讓他在研究者這裡「活起來」，才能讀懂廢名作品的核心內容是什麼，以及廢名是通過怎樣的方式達到這樣的內容的。廢名的創作所吸收的思想資源經過一個發展變化的過程。早期他受先秦諸子典籍如《論語》、《老子》、《莊子》的影響很大，中期以後開始重視《孟子》、《四書集注》和《伊川學案》，後期轉向研讀佛經，這也挑戰讀者須具有更大的知識背景，才能對廢名的作品所反映的他的想法及廢名對這些思想資源做了何種轉換等問題做出具體的判斷和甄別。本文試圖較暢達地理解廢名各時期的思想特徵，對廢名的作品和他的創作談做出較清晰的解釋和體認。

　　本文解讀了廢名詩歌中重要的意象，這些意象體現出他對世界與生命本身的體悟。如從「影子」意象體悟生死「相對」的態度；從「鏡」、「墳」意象體悟「自我」；從「葉子」意象體悟人的記憶，以及藝術境界和生命的「完整」；從「燈」意象體悟智慧和光明，這些地方體現出廢名對人的生命、人我、記憶、智慧等問題的關注。本文還討論了廢名的「晦澀」。廢名自認自己是一個邏輯清晰的作家，證之他的小說、新詩和論，發現廢名不僅在文中對自己的想法多做解釋和交代，還經常以前後呼應的方式講明自己的意圖所在。於是，把握了廢名的核心意象所表徵的生命體悟之後，廢名的省略、有意與實際生活拉開距離的「隔」的寫法便很好理解，廢名一點也不「晦澀」。

　　愛情問題是廢名作品的核心問題之一，他從中西方文學差別，甚至是從中國人人格的缺陷角度去討論愛情問題。廢名所描寫的愛情結構中，琴子、

〔註3〕李健吾：《畫夢錄——何其芳先生作》，《咀華集·咀華二集》，復旦大學出版社2005年版，第84頁。
〔註4〕朱光潛：《編輯後記》，《文學雜誌》1937年6月第一卷第二期。

細竹的主結構和狗姐姐、魚大姐的副結構並存，體現出在愛情問題上，廢名同時在觀念世界和經驗世界這兩個層面上做出了思考。廢名的結論是，愛情中的爭搶必定造成悲劇。他將女子的命運歸結到悲觀的「尼庵」或「墳地」，提出「自己守自己的影兒」，在悲哀中提出了女子獨立的個性的問題。廢名的作品體現出從愛情中解脫人我、生死的特色。

在此基礎上，本文提出了「思想文化型」作品這樣一個概念。李健吾曾經對廢名的「觀念」性的創作提出批評：

> 在這短短的歲月之中，《竹林的故事》猶然栩栩在目，而馮文炳先生和廢名先生的連接竟成一種坎坷。馮文炳先生徘徊在他記憶的王國，而廢名先生，漸漸走出形象的沾戀，停留在一種抽象的存在，同時他所有藝術家的匠心，或者自覺，或者內心的喜悅，幾乎全用來表現他所鍾情的觀念。……他已然就他美妙的文筆，特別著眼三兩更美妙的獨立的字句。著眼字句是藝術家的初步工夫，然而臨到字句可以單純別出，成為一個抽象的絕句，便只屬思維者的苦詣，失卻藝術所需的更高的諧和。……他逃離光怪陸離的人世，如今收穫的只是綺麗的片段。〔註5〕

李健吾這裡說了兩點意思。第一點指出從「馮文炳」到「廢名」，有一個從「形象」到「抽象」的轉變，廢名苦心孤詣的，是表現他自己所鍾情的觀念。第二點指出廢名的創作方法，是「特別著眼三兩更美妙的獨立的字句」，聯繫到廢名說「我寫小說同唐人寫絕句一樣」〔註6〕，李健吾這裡專指的是廢名的小說《橋》。從「坎坷」等等地方，可以看出李健吾對廢名成熟期的作品是不夠滿意的，認為廢名美妙的文筆失卻了藝術所需的更高的諧和。與李健吾的觀點相反，本文認為，這種超脫現實世界走向抽象境地的文學嘗試，對於中國現代文學具有重要的意義。

在超脫現實世界的意義上，廢名標舉幻想境界，力圖超脫現實的功利一面，追求唯美的藝術境界。他的「女子世界」突出幻想中女子的非功利、大膽有個性的一面，他的「神仙世界」富於人情。同時，廢名大量使用典故字面義的做法使用典這一文學手法發展到了現代的形式。廢名稱用典為「成熟

〔註5〕李健吾：《畫夢錄——何其芳先生作》，《咀華集・咀華二集》，第84頁。
〔註6〕廢名：《〈廢名小說選〉序》，《馮文炳選集》，人民文學出版社1985年版，第394頁。

的溢露」，認爲中國文章恃典故，這是他在以西方文學爲參照時，思考所得的中國文學和思維的特徵。這樣，看似是故紙堆中的文字，但經過廢名的轉化，具有了現代意義。廢名的這一體悟在他的《談新詩·已往的新文學和新詩》一章表現得最爲明顯。他是從李商隱、溫庭筠的創作中爲中國現代文學的發展尋求路徑的。本文認爲這樣的思考富有個性，對中國文學的啓示意義甚巨。

本文所涉及的廢名作品的時間下限是 1949 年前。因爲從 1949 年到廢名去世前，周圍政治和文化環境的變化使廢名不再能直接表達自己的觀點。廢名的學生樂黛雲回憶 1951 年與廢名隨北京大學師生赴江西吉安專區潞田鄉參加土改運動時，曾有機會和廢名有較深刻的談話。她在《難忘廢名先生》中寫道：

> 印象最深的是他說他相信輪迴，相信人死後靈魂長在。……他告訴我不應該輕易否定一些自己並不明白，也無法證明其確屬烏有的事。……他又問我對周作人怎麼看，我回說他是大漢奸，爲保存自己替日本鬼子服務。廢名先生說我又大錯特錯了，凡事都不能抽空了看，不能只看軀殼。他認爲周作人是一個非常複雜而有智慧的人，……廢名先生說，義憤填膺的戰爭容易，寬容並作出犧牲的和平卻難，事實上，帶給人類巨大災難的並不是後者而是前者。〔註7〕

廢名和樂黛雲的聊天反映出他的想法與當時的主流觀點大相徑庭。但在特殊環境裏他只能與世俯仰：1949 年之後，廢名幾乎不曾寫作，他的論文所持的觀點也基本與主流觀點保持一致。因此，1949 年之後廢名的文字，特別是公開發表的文字，很難反映出廢名的眞實想法和心境。所以主要研究廢名思想特徵和審美特徵的本文不將它們列爲主要的考察範圍。

本文試圖從廢名作品的思想資源、思想特徵和審美特徵這三方面對廢名做論述。本文在分析廢名的思想資源和思想特徵等問題時，努力做到言必有據、論述充分。在論述中不蹈窠臼，爭取更多創見。

〔註 7〕樂黛雲：《難忘廢名先生》，《萬象》2003 年 1 月第 1 期。

第一章　廢名作品的思想資源及發展脈絡

　　廢名在中國現代文學史上是一個比較特異的存在。李健吾稱廢名爲「和廣大讀眾無緣的小說作家」〔註1〕，朱光潛稱廢名的詩難懂的是思想背景，已有的關於廢名文學思想的研究大都只是將廢名的相關自述簡單地組織起來，未能對廢名的思想背景做深入的理解。由於不曾將廢名放在一個思想發展的脈絡中來讀，對廢名思想的理解也常常趨於簡單，有時有誤讀處。

　　本文的基本判斷是，廢名的思想背景或者說思想資源，經過一個較複雜的發展演變。總體來說，他經歷了從「文學家」到「思想家」，從先秦儒家（孔子）到程朱理學並進一步受到唯識理論影響這樣一個過程。在文學家的范圍內，他又經歷了受莎士比亞、塞萬提斯影響到受庾信、李商隱影響的過程。以上只是大致的區分。

　　廢名的「文學家」和「思想家」的身份，不是截然分開的。廢名的小說人物，不是現實生活中隨時可見的人物，俞平伯曾評價他們「大有不食人間煙火之感」〔註2〕。廢名的小說人物，特別是成熟期代表作中的人物，都是廢名在中國傳統思想資源中提取出來的代表人物。他們的一言一行、一顰一笑都有深刻的思想背景。

　　廢名在討論巴爾扎克時引用評論說：「巴爾扎克著作中的人物，哪怕就是一個廚役，都有一種天才。每個心都是一管槍，裝滿了意志。」〔註3〕在討論福樓拜時，他也說：「小說家都是拿他們自己的顏色描畫人物。顏色生動，人

〔註 1〕李健吾：《畫夢錄——何其芳先生作》，《咀華集‧咀華二集》，第 83 頁。
〔註 2〕廢名：《斗方夜譚 六》，《華北日報副刊》1930 年 12 月 25 日第 346 號。
〔註 3〕廢名：《說夢》，《語絲》1927 年 5 月 28 日第 133 期。

物也才生動。」〔註4〕廢名小說中的人物都是廢名自身思想的外化，通過對廢名小說人物的分析，可以看出廢名的思想資源及發展脈絡。

第一節　廢名思想的發展脈絡

　　廢名思想的發展脈絡，可以從廢名的作品及創作談中尋繹。廢名主要作品的寫作或發表時間大致為：

作　　品	寫作時間	發表時間
短篇小說集		
《竹林的故事》集	1923.1.27～1925.6	
《桃園》集	1927.3.8～1927.10	
《棗》集	1927.11.10～1930.1.12	
長篇小說		
《無題》第一、二卷（後改名《橋》）	1925.11 開始創作《無題》	一、二卷的大部分內容刊登於 1926.4.5～1929.6.6
《莫須有先生傳》	最終完成於 1931.10.19	最早的一章發表於 1930.5.15
《橋》第三卷	最後一章《蚌殼》完成於 1937 年	1932.11.1～1937.8.1
《莫須有先生坐飛機以後》	應寫於 1937 年 12 月廢名南下黃梅之後	1947.6.1～1948.11
新　　詩		
《天馬詩集》	1931.3	
《鏡》	1931.5	
論		
《談新詩》		1944 年初版
《阿賴耶識論》	1942 年冬～1945 年秋	

　　廢名在創作早期短篇小說集《竹林的故事》、《桃園》、《棗》時，主要的思想資源來自西方；可以看出傳統的習俗之美，而傳統中思想性的內容不多見。《橋》的上卷上篇也沿襲著短篇小說的風格。到《橋》的上卷下篇，三個

〔註 4〕廢名：《立齋談話　五》，《華北日報副刊》1930 年 10 月 16 日第 287 號。

主要人物琴子、細竹、小林，便都各自帶著較複雜的思想內容出現。與《橋》同時創作的《莫須有先生傳》中，莫須有先生完全像一個夫子了，在日常生活中試圖上達對古人的理解。這段時間，正是廢名吸取各種資源，努力融匯各種思想的時期。1931 年，廢名大量創作新詩，廢名的新詩可以說是邏輯清晰的說理詩歌，同樣反映出廢名對各種思想資源的興趣。這些詩歌中反映出的是道家「相對」的思想觀念，雖然有佛教的名詞，而其思維內核是道家的。《橋》下卷的寫作與此同時，廢名這時還可以說是「佛表道里」。到抗戰時期，在黃梅課學時，廢名開始接觸宋儒理學和佛經，此時期的兩部代表作《莫須有先生坐飛機以後》與《阿賴耶識論》分別顯現出這兩者的影響。廢名此後就較少寫小說，而是坐而論道了。

　　廢名的思想發展路徑看似紛繁複雜，分析起來並不是很煩難。因爲廢名首先是一個文學家，不是學術家或者說思想家。他對外國和中國傳統思想資源的吸收和使用是以發展出文學的形象爲先的。所以他不以鑽研到多麼深刻爲己任，而是吸取他所需的部分，鎔鑄思想資源的文學意象。這可以以廢名的創作談爲佐證，在黃梅時期之前，廢名對儒家的瞭解，其實是以孔子的《論語》爲主。從廢名 1936 年底的文章《孔門之文》裏可以看出這條線索。廢名評論《論語》中子貢對棘自成「君子質而已矣，何以文爲」的批評「文猶質也，質猶文也，虎豹之鞹，同犬羊之鞹」說：

> 孔門與以後的儒家的高下之別，我們不妨說就在這一個「文」字。……孟子總還不失爲深造自得的大賢，到了唐朝的韓愈，他說孟軻功不在禹下，他又以唐朝的孟軻自居，是子貢所謂「犬羊之鞹」者乎。宋儒的毛病也就在乎缺乏一個「君子」的態度，即是不能文質彬彬，或者因爲他們正是韓愈以後的人物罷。〔註5〕

廢名批評韓愈和宋儒不能在文字形式上有所樹立，這正說明廢名的側重點是對文學的關注和期許，接下來的分析更加體現出他此時對孟子、宋儒的不以爲然。同是對武王伐紂「血流漂杵」一詞的解釋，廢名引用子貢的說法「紂之不善，不如是之甚也。是以君子惡居下流，天下之惡皆歸焉」、孟子的說法「盡信書則不如無書，……仁人無敵於天下，以至仁伐至不仁而何其血之流杵也」、朱熹的說法「……紂之前徒倒戈，攻於後以北，血流漂杵，……書本意乃謂商人自相殺，非謂武王殺之也」，發表自己的觀點說：

〔註5〕廢名：《孔門之文》，《世界日報・明珠》1936 年 11 月 9 日第 40 期。

> 同是關於商紂的，讀者諸君比較觀之可以分別高下。……孟軻
> 先生的話真是有點霸道，簡直可惡。……朱熹……是又說得更下流，
> 不堪卒讀。〔註6〕

對於紂王的評價，廢名認爲孔子弟子子貢的分析更爲接近人情，通情達理。
而孟子、朱熹的說法都想當然地將善、惡的標準劃分得那麼明晰，所以廢名
認爲這是由於人的境界不同。可以想見，1936 年年底的廢名，對儒家的接受
顯然還是以原始儒家，即孔門弟子言行的《論語》爲基本。他的創作談中，
反覆引述《讀論語》、《孔子說詩》、《如切如磋》、《陳亢》、《釣魚》、《孔門之
文》、《我怎樣讀論語》等內容，都顯示出他對儒家思想的理解，在轉向佛教
之前，是以《論語》爲主的。

廢名對道家思想的理解，以《老子》和《莊子》爲主，這從廢名小說中
的人物形象和新詩中可以看出。而廢名對佛經的理解，是有一個過程的。在
黃梅時期，廢名讀佛經最多，他同時受唯識宗裏空宗和有宗的影響。空宗說
「我空」和「法空」，有宗說種子義。他在黃梅閱讀佛經的線索是提婆《百論》、
《瑜伽論》、《成唯識論》。廢名說：「我信佛，信有三世，乃在二十六年秋讀
《涅槃》『佛法非有如虛空，非無如兔角』而大悟，於是拋開書本而不讀，旋
即奔回故鄉，從此在故鄉避難。」〔註7〕這裡可以看出，如果廢名的自述無誤，
1937 年應是廢名思想的一個轉折點。廢名並且強調了這一思想轉變與他的人
生選擇的關係。

而從《阿賴耶識論》我們可以看出，廢名所說的佛理並不是十分艱深。
他只說明了種子義，讓佛教的輪迴觀念與達爾文的進化論分庭抗禮，但他並
沒有詳述唯識宗的複雜概念，也沒有區分唯識宗與佛教各派別間的不同。可
見廢名還是從一個大體上去把握唯識宗的內容的。他並非一個思想家，還是
一個文學家。

而我們對原始儒家和道家如何理解呢？司馬遷《史記·論六家要旨》中
是這樣概括的：

> 夫儒者以六藝爲法。六藝經傳以千萬數，累世不能通其學，當
> 年不能究其禮，故曰「博而寡要，勞而少功」。若夫列君臣父子之禮，
> 序夫婦長幼之別，雖百家弗能易也。

〔註6〕廢名：《孔門之文》，《世界日報·明珠》1936 年 11 月 9 日第 40 期。
〔註7〕廢名：《阿賴耶識論》，王風編《廢名集》，北京大學出版社 2009 年版，第 1867
頁。

……

　　道家無爲，又曰無不爲，其實易行，其辭難知。其術以虛無爲本，以因循爲用。無成勢，無常形，故能究萬物之形。不爲物先，不爲物後，故能爲萬物主。有法無法，因時爲業；有度無度，因物與合。故曰「聖人不朽，時變是守。虛者道之常也，因者君之綱」也。群臣並至，使各自明也。……〔註8〕

司馬遷是從思想史的角度談先秦儒家和道家的，他所依據的各家文獻比廢名多，看問題的角度也不同。但我們可以從中概括性地對先秦儒家和道家的基本旨歸有個大致的瞭解。儒家是以文獻爲徵，以禮區別等級和內外的。道家是以物爲先，隨順萬物的自然，而得萬物的本眞的。而廢名小說中的人物正是往往體現了這些思想的質素，展現出他們思想性的內涵。

　　追尋廢名思想變化的脈絡，可以較粗略地以 1927 年與 1937 年爲兩個分界點，將廢名思想的發展分爲三個階段。首先是 1927 年之前，此前廢名在努力學做文學家，以思想文化寫小說的痕跡還沒有顯露出來。廢名自己對這一時期的體認有 1927 年發表的《忘記了的日記》爲證：

　　從昨天起，我不要我那名字，起一個名字，就叫做廢名。我在這四年以內，眞是蛻了不少的殼，最近一年尤其蛻得古怪，就把昨天當個紀念日子罷。〔註9〕

廢名這則日記的落款寫的是 1926 年 6 月 10 日。這則日記裏說到自己四年的蛻變，提示出一直以來變化的消息。改筆名這個行爲可以視作廢名對自我的一個重新體認。而證之作品，廢名未來的創作路向開始彰顯的，是《橋》的上卷下篇，《燈（無題之七）》這一節。這一節發表於 1927 年 3 月 12 日，寫的是小林從外地歸來。一開篇的「蟪蛄不知春秋，春天對於他們或者沒有用處，除此以外誰不說春光好呢？」〔註10〕就提示讀者文章的特點開始轉變，因爲在講春天時將莊子的蟪蛄引用了過來，加深了文章的內涵。

　　這一時期，廢名的主要作品是短篇小說集《竹林的故事》，《桃園》，《棗》的大部分篇章，《橋》上卷上篇。廢名這一時期勤懇地學習西方小說的寫法，

〔註8〕 司馬遷：《史記·太史公自序第七十》，中華書局 2000 年版，第 2487～2488 頁。

〔註9〕 廢名：《忘記了的日記》，《語絲》1927 年 4 月 23 日第 128 期。

〔註10〕 廢名：《無題之七》，《語絲》1927 年 3 月 12 日第 122 期。

描繪黃梅鄉間和北京的讀書生活。他的基本思想資源是一些明顯的文學愛尚，這些地方都透露出周作人的影響，也提示了廢名一生創作傾向之所由。

第二個時間段是 1927 年～1937 年，廢名這時期的主要創作有《棗》中的《文公廟》、《棗》、《墓》，《橋》的上卷下篇，《莫須有先生傳》，大部分新詩，《談新詩》的大部分章節，並寫作《橋》的下卷。這時期廢名的主要思想特徵，正如上文所分析的，以《論語》所反映的儒家思想和《老子》、《莊子》反映的道家思想爲主，使用一些佛經上的辭藻和意象來修飾文辭。《橋》的下卷，受佛經思想的影響更明顯，但廢名執著於顏色、聲音等的五官傾向還是沒有改變。這裡記錄了廢名從耳聞目見求涅槃的傾向。

第三段是 1937 年～1949 年。從具體的生活角度看，廢名的主要創作地點是黃梅故鄉，他在教書之餘創作小說《莫須有先生坐飛機以後》和《阿賴耶識論》。這一時期，廢名的一些想法也發生了變化。如 1936 年以前，從廢名的作品中可以看出他對宋儒的批評。而到故鄉黃梅之後，廢名的思想發生了比較大的變化。他對宋儒由批評轉成了讚賞，這在他的散文以及《莫須有先生坐飛機以後》中都有體現。這一時期，廢名讀《四書集注》、《朱子語類》、《伊川學案》，讀唯識宗的典籍，而他對佛經的理解還是從人生的立場去理解的，他吸取了唯識宗「種子」的概念。這段時間廢名的思想資源可以概括爲朱熹的「天理」與唯識宗「種子」義的結合。

下面通過廢名各時期的主要作品，解讀廢名的思想資源及其發展脈絡。

第二節　1927 年之前：受西方文學影響

廢名的早期小說受到西方小說的影響，這一點在當時的文學界比較普遍，因爲小說這一文體在西方本就發展得比在中國成熟。廢名是北京大學外文系的學生，他在小說中借莫須有先生之口說他是讀了喬治‧艾略特的小說《弗洛斯河上的磨坊》才學會寫小說的：

> 莫須有先生是後來在大學裏讀了外國書因而發展起來，最初讀的是英國一位女作家的水磨的故事，莫須有先生乃忽然自己進了小學了，自己學做文章，兒童生活原來都是文章，莫須有先生從此若決江河沛然莫之能禦了。〔註11〕

〔註11〕廢名：《莫須有先生坐飛機以後‧舊時代的教育》，《文學雜誌》1947 年 11 月 1 日第 2 卷第 6 期。

廢名說他由喬治・艾略特的小說而明白兒童生活都是文章，從此明白如何作文。他在 1944 年爲黃梅初級中學同學錄寫序時，對這一段生活有更進一步的解釋：

> 一直到在大學裏讀了外國書以後，我才明白我們完全是扮舊戲做八股，一腳把它踢開了。從此自己能作文，識道理，中國聖人有孔子，中國文章有六朝以前，而所謂古文是八股的祖宗。〔註12〕

也就是說，廢名在學習西方小說時，第一個受到的影響是修辭立其誠。從此不扮舊戲、不做八股，而可以眞摯地學習、作文，於是也奠定了他學習六朝文學而非古文的基礎。

其次，對於文學的執著。廢名讀《現代日本小說集》的觀感是：

> 這集子共是三十篇，篇篇令我讀了舒服，但又悵惘，爲什麼我們貴國很少這樣的人呢？——本自己興趣，選定一種生活的樣式，浸潤於此，酣醉於此，無論是苦是甜，這回決不是由虛驕而生嫉憤了，我只深深的感著「中國人的悲哀呵」。〔註13〕

「本自己興趣，選定一種生活的樣式，浸潤於此，酣醉於此」，這是廢名有感於中國人的重實利，表達他所傾心的這種生活方式。要求「浸潤」、「酣醉」，這是對自己感興趣的事完全的認眞、投入、享受、創造。選擇這樣的人生樣式，是廢名從外國文學中汲取的另一種思想資源。

廢名從閱讀西方文學中形成了他的一些對文學的基本看法，他以此前生活經驗爲材料，寫黃梅鄉間的生活，寫都市裏學校的生活。《竹林的故事》集中有一篇波德萊爾《窗》的譯文：

> 橫穿屋頂之波，我能見一個中年婦人，臉打皺，窮，她長有所倚，她從不外出。從她的面貌，從她的衣裝，從她的姿態，從幾乎沒有什麼，我造出了這婦人的歷史，或者不如說是她的故事，有時我就念給我自己聽，帶著眼淚。
>
> 倘若那是一個老漢，我也一樣容易造出他的來罷。
>
> 於是我睡，自足於在他人的身上生活過，擔受過了。
>
> 你將問我，「你相信這故事是眞的嗎？」那有什麼關係呢？——

〔註12〕 廢名：《黃梅初級中學同學錄序》，《大公報・星期文藝》1946 年 11 月 17 日第 6 期。

〔註13〕 馮文炳：《現代日本小說集》，《晨報副鎸》1923 年 9 月 15 日 1923 年第 235 號。

我以外的眞實有什麼關係呢，只要他幫助我過活，覺到有我，和我
是什麼？〔註14〕

廢名在《竹林的故事》原刊「贅語」中說：「波特萊爾題作『窗戶』的那首詩，
廚川白村拿來作賞鑒的解釋，我卻以爲是我創作時的最好的說明了。」〔註15〕
廢名早期通過擬想造出他人的生活，創作自己的小說。所以在早期的短篇小
說集中，他的《浣衣母》、《阿妹》、《火神廟的和尚》、《竹林的故事》、《河上
柳》、《桃園》、《菱蕩》裏的人物都不帶人間煙火氣，而《我的鄰舍》、《小五
放牛》、《毛兒的爸爸》、《四火》稍涉現實，也仍然與實生活有一定距離。廢
名這時候的創作，處於勤奮的模仿期：「平常只愛一篇一篇的讀文章，來清醒
我自己，擴大我自己。」〔註16〕廢名在模仿中尋找著自己的風格。《橋》的上
卷上篇仍然是模仿期的代表，其中的小林、琴子，就像弗洛斯河上的一對小
兒女一樣，在鄉間過著自然的生活。而眞正富有廢名特色的小說，要待 1927
年之後廢名開始寫作《橋》的上卷下篇後，才開始成形。

第三節　1927～1937：《論語》的「仁」、「禮」與老莊的純任自然

一、《橋》上卷下篇

　　不能說廢名特色開始彰顯的小說中的人物是某一種思想的代表，但他們
確實有著這一種思想的內容，並且自我比較統一、前後比較一貫。這裡特別
突出的幾個人物：琴子體現出儒家溫柔敦厚、舉止有禮的風格。細竹對自然
的事物十分敏感，行事也是純任自然、一派天眞。小林經常會有一些悟道之
言吐露。其實，從這些人物的命名上，我們就可以看出消息。「琴」有著儒家
禮樂教導的意味，細竹明顯是一棵自然生長的植物。小林這個名字反映佛經
的色彩不很明顯，我的理解是，1930 年前的廢名並未在核心思想上眞正受到
佛經的深刻影響。其次，林與竹木之屬相近。寫作《橋》上卷的廢名，在基

〔註14〕〔法〕波德萊爾：《窗》，廢名譯，王風編《廢名集》，北京大學出版社 2009
　　　　年版，第 10～11 頁。

〔註15〕廢名：《〈窗〉題注》，王風編《廢名集》，北京大學出版社 2009 年版，第 10
　　　　頁。

〔註16〕廢名：《吶喊》，《晨報副鐫》1924 年 4 月 13 日 1924 年第 81 號。

本傾向上是偏愛道家思想的，所以讓小林與細竹走得最近，在人物姓名的安排上也可以看出。

（一）琴子：儒家的「仁」、「禮」結合

琴子行事做事，一般都是行不逾矩。隨順細竹去看鬼火回來，她會是立刻要歇息了。待細竹說要把今夜的事情都寫下來、等程小林看時，琴子的反應便是「『我不管，受了涼就不要怪我。』琴子說，簡直不拿眼睛去理會她。」〔註17〕並非很大的事體，爲什麼都不願意看細竹呢？不排除女子的小嫉妒，程小林是琴子從小定親的喜歡的人。還有一個原因，便是這打破黑白顛倒規矩的事實吧。緊接著，「你這楊柳倒是替我摘來寫字的」、「你只會替人家磨墨」雖是小女孩活潑的言詞，但這樣的言詞只可能是琴子說，很難想像這樣的言詞從細竹或小林的口裏說出。這些地方都是儒家訂立禮的地方。在禮的地方見出分際。所以琴子會說：「我也跟你一路胡鬧起來了，——你再不睡，我就喊奶奶。」、「琴子又說，伸腰到桌子跟前吹熄了燈。」〔註18〕這些地方都體現出琴子的個性，動靜舉止有禮的底子。

《沙灘上》一節將琴子所體現的儒家「仁」、「禮」結合的思想表現得更加明顯：

> 琴子眞是一個可愛的姑娘，什麼人也喜歡她。小林常說她「老者安之，少者懷之」，雖是笑話，卻是眞心的評語。〔註19〕

「老者安之，少者懷之」出自《論語·公冶長》：

> 顏淵季路侍。子曰：「盍各言爾志？」
>
> 子路曰：「願車馬衣輕裘與朋友共，敝之而無憾。」
>
> 顏淵曰：「願無伐善，無施勞。」
>
> 子路曰：「願聞子之志。」
>
> 子曰：「老者安之，朋友信之，少者懷之。」〔註20〕

「老者安之，少者懷之」是孔子的志向，而廢名把它作爲對琴子的「眞心的評語」，可見廢名讓琴子在核心問題上體現出了儒家的行爲理想。同時，「老者使他安逸，年輕人使他懷念我」，這不僅是孔子對自己志向的總結，也是

〔註17〕廢名：《〈無題之八〉一》，《語絲》1927 年 4 月 9 日第 126 期。

〔註18〕廢名：《〈無題之八〉一》，《語絲》1927 年 4 月 9 日第 126 期。

〔註19〕廢名：《沙灘上（無題之九）》，《語絲》1927 年 5 月 7 日第 130 期。

〔註20〕楊伯峻譯注：《論語譯注》，中華書局 1980 年版，第 52 頁。

廢名對孔子的總結。在《關於派別》中廢名將這個問題說得很清楚：

> 孔子一生與人爲徒，有志於老安少懷朋友信之，有許多情感因此恐怕還要淡漠一點，我想這裡很有點心理學上的問題，然而我怕我胡亂說話，我只能說我好像懂得一個「禮」字。孔子的經驗見於「仁」「禮」二詞，仁的條目是禮，仁之極致也是禮，除開仁而言禮不是孔子的意思，舉仁而禮之義可在其中。〔註21〕

廢名對孔子的理解是「仁」、「禮」結合。這正是琴子的性格特徵所在。所以緊接在這「老者安之，少者懷之」的「眞心的評語」之後，是一個意念化爲故事的情節：紫雲閣的老尼姑即將過河。「她本是雙手抱住膝頭，連忙穿鞋。」〔註22〕琴子爲什麼要這麼敬其事？這也是一個儒家講禮的故事。《史記·仲尼弟子列傳》載：「子路欲燔臺，蕢聵懼，乃下石乞、壺黶攻子路，擊斷子路之纓。子路曰：『君子死而冠不免。』遂結纓而死。」〔註23〕雖然當時可能已是寡不敵眾之勢，於是繫好冠纓而死，但畢竟是以禮自守的一個例子。這裡不能簡單地用一般觀點去說子路爲愚，正如孔子作爲從大夫之後、不可徒行，這些「禮」不僅僅是做派本身，而是作爲一種儀式承載著文化理想，所以在這些地方不苟。這個地方也可以看出廢名文心之細。在不起眼的地方的一筆，恰恰不離儒家講「禮」的核心。

而儒家的「禮」是以「仁」存心的。所以緊接著的故事對琴子性格的完成是畫龍點睛的：紫雲閣的老尼姑如祥林嫂一樣，在紫雲閣附近的村莊逢人即說一套故事，「差不多沒有人不曉得這套故事，然而她還是說」。「倘若是莊上的別一個姑娘，一定一口氣替尼姑把下文都說了」，而琴子不是：「一聽這句，琴子知道了，但也虔敬的去聽」，並且給予回應：「『是的。』琴子點一點頭。」在老尼姑說完故事之後，「琴子慢慢的開言：『師父還是回我家去喝茶，吃了飯再到王家灣去。』」、「河水如可喝，琴子一定上前去捧一掌敬奉老尼。」〔註24〕這些地方都顯出琴子的「老者安之」。在第一層故事中的老尼的這個故事顯然有很多老尼自己幻想的成分。因爲倘若老人後來也來庵裏修行，她就不會一個人縈縈子行於紫雲閣附近村莊，也不會逢人便說這個故事。她的出

〔註21〕廢名：《關於派別》，《人間世》1935 年 4 月 20 日第 26 期。
〔註22〕廢名：《沙灘上（無題之九）》，《語絲》1927 年 5 月 7 日第 130 期。
〔註23〕司馬遷：《史記·仲尼弟子列傳第七》，中華書局 2000 年版，第 1741 頁。
〔註24〕廢名：《沙灘上（無題之九）》，《語絲》1927 年 5 月 7 日第 130 期。

家應該是爲情。而故事的結局是她不能滿足的愛情在心中幻化的影子。琴子都明白，所以心中對老尼充滿同情。她能體貼老尼的痛苦和安慰，所以她耐心地聽老尼說故事，請老師回家喝茶，處處體現出儒家的溫柔敦厚之心。

「少者懷之」也自然見於這一節。沙灘上有不少孩子「揀河殼」，見了琴，圍攏來，要替琴提衣籃，要琴給他們紮風箏。「琴子笑道：『你們去揀你們的河殼，回頭來都數給我，一個河殼一個錢。』」〔註25〕在談到風箏的時候，琴子和他們談論想要的風箏的形狀和之前紮的風箏，但是沒有在這一節就開始陪他們玩，因爲她是來洗衣的，她不能耽誤了她的工作。在《橋》的上篇下卷，廢名就不會給細竹安排這同樣的工作。雖然年齡相差不多，細竹似乎總是和孩子們在一起玩，無有工作，並且會直接寫她幫孩子們做東西了，彷彿這就是她的工作。這裡也就是廢名體會的儒家和道家的分界處。儒家對這個世界是有擔荷的，而道家則隨順自然了。

琴子的溫柔敦厚格外表現在戀愛中的心情波動。她感覺到小林對細竹的感情好像更爲深厚，因此有了一些心情上的波瀾。在燈下等小林和細竹，都不見回來。細竹回來了之後，琴子知道他們白天有遇到，而小林尚未回。細竹說「一定還在那裡，我去看。」琴子的反應是：

> 琴子的樣子是一個 statue，——當然要如 Hermione 那樣的一個 statue 專候細竹說。……對了小林她總有點退縮，——此其一。……不過世間還沒有那大的距離可以供愛去退縮。再者，她的愛裏何以時常飛來一個影子，恰如池塘裏飛鳥的影子？這簡直是一個不祥的東西——愛！這個影，如果刻出來，要她仔細認一認，應該像一個「妒」字，她才怕哩。
>
> 聽完那句話，又好像好久沒有看見她的妹妹似的，而且笑——
>
> 「你去看！」
>
> 自然沒有說出聲。〔註26〕

這是琴子不溫柔敦厚的極致了，但只是在心中活動，沒有說出聲來。這也是儒家的苦惱所在，因爲一切以「仁」以「禮」自我約束，所以臨到愛情這種具有佔有欲的事情上，就很苦惱了。因爲嫉妒顯然與儒家的道德要求相衝突。

〔註25〕廢名：《沙灘上（無題之九）》，《語絲》1927 年 5 月 7 日第 130 期。
〔註26〕廢名：《〈無題之十四〉二》，《語絲》1928 年 2 月 27 日第 4 卷第 9 期。

所以琴子感覺到心情波動時會害怕，因為這直接衝擊到她的核心了，這個核心正是儒家「以仁存心，以禮存心」的核心。這也正是廢名寫琴子寫得真實的地方。在一貫的道德自律與愛的佔有欲之間的掙扎。這一個「你去看！」心裏有多麼痛楚呢，琴子這時候的心一定有點凌亂。

但畢竟是琴子，如果不是有著如此明確的「溫柔敦厚」的思想文化內核的人物，這裡的情境正是作家可以以一枝筆寫出欲望和感情的種種掙扎的好文章。但廢名就在這裡停筆了。三個人朦朧的感情糾葛就以琴子和小林的一次談話作結：

> 她想小林一定又是同細竹一塊兒玩去了，恨不得把「這個丫頭」一下就召回來，大責備一頓。她簡直伏在床上哭了。意思很重，哭是哭得很輕的。
>
> ……
>
> 「細竹，這不能說，我不願他愛你，但我怕……」〔註27〕

琴子的掙扎幾乎到了極點。在小林讚歎「細竹真好比一個春天」時，終於來了一個總爆發：琴子實在忍不住哭了，但也僅只是哭了而已。小林也哭了。兩個人都是溫柔的性格。之後琴子說得最極端的一句話就是「你以後不要同細竹玩」。其實她並非真的不讓他們一起玩，這只是一種情緒的表達，體現出溫柔敦厚性格與愛情獨佔性的掙扎，這也就是琴子表達的極致了。所以小林一句「我們兩人的『故事』恐怕實在算得很有趣的一個」立刻「說得琴子微笑」〔註28〕。廢名不僅將《論語》中的儒家精神體現在琴子身上，而且將它與愛情的衝突寫得十分生動，這樣富有人情。

這樣的思想質素甚至體現在廢名以不同風格的詩句描摹琴子和細竹的妝容舉止上。廢名描摹琴子就是「鬢雲欲度香腮雪」〔註29〕，描摹細竹的詩句就是讓細竹唱「春眠不覺曉，處處聞啼鳥」〔註30〕。前一句無論如何顯現出是一個閨閣之人，而後一句顯然是自然中的生靈。這些地方都可見廢名的文心之細緻。

（二）細竹：道家對自然的敏感，以及純任自然的個性

先秦的道家原本就是觀察自然的史官。先秦道家出於儒家，由於感受到

〔註27〕廢名：《故事》，《華北日報副刊》1930 年 1 月 27 日第 253 號。
〔註28〕廢名：《故事》，《華北日報副刊》1930 年 1 月 27 日第 253 號。
〔註29〕廢名：《天井》，《華北日報副刊》1929 年 6 月 6 日第 82 號。
〔註30〕廢名：《〈無題之八〉二》，《語絲》1927 年 4 月 9 日第 126 期。

儒家禮樂教化的弊端，於是從觀察自然中思考和總結經驗，以矯人文之失。如《老子》第二十三章說：「希言自然。故飄風不終朝，驟雨不終日。孰爲此者？天地。天地尚不能久，而況於人乎？」〔註31〕老子從自然界中暴烈恣睢的現象不能持久的經驗，得出「希言自然」的結論，認爲不言教令是合於自然的。這典型地反映了道家重視自然、純任自然的觀念。

細竹對自然的反應很靈敏。比如不顧節慶，要去看想看的自然內容。「史家奶奶已經睡了，細竹跟著琴子在另一間房裏，她突然想到要去看鬼火。看鬼火是三月三的事，今天還是二月二十六，她說，『三月三有鬼火，今天我不信就沒有，去！』」〔註32〕如果是儒家，肯定不可能對看鬼火一事感興趣。即使要去看，也肯定是從節令而行，只在三月三看。細竹則不但興之所至、理有必然地要去看，且「今天我不信就沒有，去！」，這明顯顯現出細竹的個性了。

「楊柳」一節可以說是細竹體現道家精神的畫像。細竹給史家莊的孩子們紮楊柳球。孩子們圍住細竹，把楊柳枝一枝一枝堆到細竹懷裏、鞋子上、肩膀上，卻不敢放到細竹的髮上。放到髮上蒙住眼睛，「細竹姐姐是容易動怒的，動了怒不替他們紮」〔註33〕。這一個「怒」把細竹寫得非常生動了。如果是琴子，是無論如何也不會怒的。但細竹因爲純任自然、完全是赤子的心性，所以怒則怒了（雖然她也很少怒的）。

細竹一個一個地給孩子們紮楊柳球，先拿到這玩具的就盡力把楊柳球往高舉，嘴裏還「鏘鏘鏘，鏘，鏘鏘！」地作鑼鼓聲。楊柳球給所有的孩子帶來了快樂。小林也咸與歡樂，接過楊柳球「盡他的兩手朝上一伸」。孩子們歡樂地叫著「哈哈，舉得好高！」這時候「小林先生沒有答話，只是笑。小林先生的眼睛裏只有楊柳球，⋯⋯小林先生的楊柳球浸了露水，但他自己也不覺得，——他也不覺得他笑。小林先生的眼睛如果說話，便是：『小人兒呵，我是高高地舉起你們細竹姐姐的靈魂！』」〔註34〕

爲什麼舉起的楊柳球令小林如此感動，爲何舉起楊柳球是高高舉起細竹姐姐的靈魂呢？因爲細竹的一片純任天然之心，因爲細竹和孩子們無人我的生活狀態。這裡，細竹是「自有仙才自不知」，自己不知道自己合於自然。而

〔註31〕陳鼓應：《老子注譯及評介》，中華書局 1984 年版，第 157 頁。
〔註32〕廢名：《無題之七》，《語絲》1927 年 3 月 12 日第 122 期。
〔註33〕廢名：《楊柳（無題之十）》，《語絲》1927 年 5 月 14 日第 131 期。
〔註34〕廢名：《楊柳（無題之十）》，《語絲》1927 年 5 月 14 日第 131 期。

小林是一個旁觀者，他解讀（或者說創造）出了這一情境背後的自然的理想。在不完美的世間，有這種自然純真的境界，所以廢名被這種情境打動了。所以細竹用心為孩子們紮的一個個楊柳球，是細竹美好人格的象徵，所以廢名高高地舉起了「細竹姐姐的靈魂」。

接下來的情節反映出的道家思想很明顯：

> 最後紮的是一個大枝，球有好幾個，舉起來彈動不住。因此又使得先得者失望，大家都丟開自己的不看，單看這一個。草地上又冷靜了許多。這一層細竹是不能留心得到，──她還在那裡坐著沒有起身，對小林笑：
>
> 「楊柳把我累壞了。」
>
> 「最後的一個你不該紮。」小林也笑。
>
> 「那個才紮得最好──」
>
> 細竹說著見孩子們一齊跑了，捏那大枝的跑在先，其餘的跟著跑。
>
> ……
>
> 「就因為一個最好，惹得他們跑，他們都是追那個孩子。」
>
> 「是呀，──那個我該自己留著，另外再紮一個他！」
>
> 「上帝創造萬物，本也就不平均。」小林笑。
>
> 「你不要說笑話。他們爭著吵起來了，真是我的不是，──我去看一看。」
>
> 細竹一躍跑了。〔註35〕

這一段形象的背後是道家思想的一個核心：「天下皆知美之為美，斯惡已；皆知善之為善，斯不善已。有無相生，難易相成，長短相形，高下相盈，音聲相和，前後相隨，恒也。是以聖人處無為之事，行不言之教；萬物作而弗始，生而弗有，為而弗恃，功成而弗居。」〔註36〕老子想說明一切概念和區分都是相對待而存在的，區分會帶來紛爭。所以當最後一個楊柳球引起孩子們的爭奪時，小林會說不該紮它，因為引起了區別之心。小林指出這一點也就算

〔註35〕廢名：《楊柳（無題之十）》，《語絲》1927 年 5 月 14 日第 131 期。
〔註36〕陳鼓應：《老子注譯及評介》，第 64 頁。

了，因爲他不完全是道家思想作用，他可以拿《聖經》上的話來寬解。而細竹勢必不能同意這樣的事情發生，於是她急急一躍而已，要排解孩子們的紛爭。這也正是道家精神核心的體現。

此外，細竹「還在那裡坐著沒有起身，對小林笑：『楊柳把我累壞了』」這句，從風格上看，脫胎於莎士比亞的一齣戲劇。廢名自己在《隨筆》中讚揚莎士比亞戲劇中的女子角色，他舉莎劇中女扮男裝的 Imogen 出場的言語爲例：「（我覺得一個男子的生活是討厭的；我把我自己累了，整整兩夜我就躺在地下睡了；……）」廢名只是簡單地分析道：「她是不能不扮作男裝私自奔走出來。這幾句話出在她的口裏只是描寫了她的美，而這位作者動不動就是這一套筆墨。」〔註37〕從廢名後面的論述看，所謂莎士比亞「動不動就是這一副筆墨」指的是他能順著自然體會到人生的歡躍，善於描寫女子心理。所以 Imogen「帶上她的寶劍扮一個男孩子出場」說的「我把我自己累了」在這裡轉化爲細竹「她還在那裡坐著沒有起身，對小林笑：『楊柳把我累壞了』」。是眞的累壞了，才在那裡坐著起不了身。而對小林的這一笑，完全是累了時候的自然抒發，沒有比說這句話時更累的感覺了。而楊柳把她弄到這麼累，完全是爲了讓孩子們開開心心地每人有自己的玩具。至此可以看到廢名一枝筆的妙處，不動聲色之間已經做了這麼多的事情。而即使是這麼累，在發現孩子們起了爭吵之後，會一躍而起去排解，細竹的天眞可愛、奮不顧身之處就更加生動鮮明了。廢名善於描寫女子心理和行爲。

此外，廢名還經常將細竹寫成「一個科學家」：「她站的位置高些，細竹在她的眼下，那麼的蹲著看，好像小孩子捉到了一個蟲，——她很有做一個科學家的可能。」〔註38〕「科學家」正是用科學分析的態度對待自然、總結規律的。這也正是道家作爲自然、天象觀測者的特徵之一。廢名在這些展現特徵的地方都很是用心。

（三）小林：道家思想與佛家意象相結合的審美者

琴子、細竹，分別具有儒家、道家的思想質素，那小林是不是就具有佛家的一些特徵了？世界上的事情往往不是這麼安排恰好的。廢名不是沒有這樣的傾向，在一些地方他有意讓小林說一些佛經中的基本意象。比如在得知

〔註37〕法（即廢名）：《隨筆》，《駱駝草》1930 年 10 月 27 日第 25 期。
〔註38〕廢名：《〈上花紅山（無題之十七）〉三》，《語絲》1928 年 5 月 7 日第 4 卷第 19 期。

琴子和細竹去花紅山而未採花回來之後，小林的感歎是：「還是忘記的好，此刻一瞬間的紅花之山，沒有一點破綻，若彼岸之美滿。」〔註39〕這是《橋》中的名句。這個隱喻將滿眼鮮豔的顏色與完全抽象的概念「彼岸之美滿」從「完滿性」這個角度聯繫了起來，這種洞見是這個句子成功的關鍵。廢名在這裡借用了佛教的經典詞彙，但是是在一個修飾語的基礎上用這個詞的。「彼岸」修飾的中心詞是「美滿」，這是廢名這一階段思想的特徵：從佛經中選取符合審美要求的意象，來助成自己的創作。

這一使用佛教資源的方式，與廢名此時的精神發展有關。廢名在後來寫作的《阿賴耶識論》中追述自己讀佛經的經驗，談到1937年才是精神的轉折。之前他對佛教的吸取，只是從吸取寫作資源的角度考慮的。廢名自己在1936年的《中國文章》裏有一個說明：「我嘗想，中國後來如果不是受了一點兒佛教影響，文藝裏的空氣恐怕更陳腐，文章裏恐怕更要損失好些好看的字面。」〔註40〕而廢名《橋》的上卷刊登於1929年6月之前，因此這時的小林不可能有一個佛教的背景來與琴子、細竹輝映。

小林的行事和言語，有很多道家思想的質素。而且與細竹相比，細竹是不自覺地體現出道家思想的質素，而小林能自覺地解讀道家思想。這從小林對最大的楊柳球將引起孩子們的爭奪的解讀可以看出。小林還經常討論相對待概念的統一性。如在《天井》一節中，由於隔著天井琴子和細竹熄了燈，所以：

> 小林在這邊打到地獄裏去了。在先算不得十分光明，現在也不能說十分漆黑，地球上所謂黑夜，本是同白晝比來一種相對的說法，他卻是存乎意象間的一種，胡思亂想一半天，一旦覺得懷抱不凡，思索黑夜。依著他這個，則吾人所見之天地乃同講故事的人的月亮差不多，不過嫦娥忽然不耐煩，一口氣吹了她的燈。
>
> 別的都不在當中。
>
> 然而到底是他的夜之美還是這個女人美？一落言詮，便失真諦。〔註41〕

「黑夜」與「白晝」是一種相對的說法。在小林這兒，借著琴子滅燈的舉動，

〔註39〕廢名：《〈無題之十八〉二》，《語絲》1928年11月12日第4卷第44期。
〔註40〕廢名：《中國文章》，《世界日報·明珠》1936年11月6日第37期。
〔註41〕廢名：《天井》，《華北日報副刊》1929年6月6日第82號。

想像「黑夜」也不過是月亮中的嫦娥熄了燈。小林思索黑夜,「懷抱不凡」,那麼,他的意象中,夜美還是月亮嫦娥熄燈美呢?廢名雖然用了「一落言詮,便失真諦」的句子,但這明顯只是「陌生化」的一個辭藻,小林本人的思維結構一方面是「懷抱不凡」,一方面是只管審美,這些都不是佛家思想的核心。所以小林只是取佛家語裝飾自己的文辭,而內裏是道家思想的審美觀。本來嫦娥也是道家傳說中的人物。

　　由於性格氣質上的相近,所以《橋》的上卷流露出這樣的傾向:相較於琴子,廢名更喜歡細竹純任天然的狀態。細竹這個人物的設定可能與廢名的童年經歷有關,這個問題在後面的章節會集中論述。但也可能因為廢名對細竹這個人物形象情有獨鍾,所以才把與自己同質的道家思想的質素賦予了她。正是小林在小說中讚歎細竹說「她一舉一動總來得那麼豪華,而又自然的有一個非人力的節奏」〔註42〕,「豪華」是說細竹的無拘無束;「自然」而有「非人力的節奏」,這表明細竹不但天真通於自然,而且天分很高,所以才會有「非人力的節奏」。這種悠悠天鈞有仙才的人物,令同樣具有道家質素的小林嚮往,便是再合情合理不過的了。

二、《莫須有先生傳》

　　《莫須有先生傳》與《橋》的上卷幾乎寫於同時,但風格上卻有很大不同。莫須有先生是廢名具有鮮明自傳色彩的人物形象。從精神內核上看,莫須有先生沒有脫出《橋》中琴子、細竹和小林這三個人物的界限。也就是說,莫須有先生是運用了一些佛家詞彙的道家和儒家人物的綜合。而從小說的結構框架上看,莫須有先生和房東太太(包括莫須有先生下鄉時候的驢漢等人物)是塞萬提斯小說中堂吉訶德和侍從桑丘的一個中國式轉化,這個問題有學者討論過,但未做深層發掘。

　　與《橋》相比,莫須有先生最大的特點便是滑稽,廢名採用的文學方式是戲仿。而廢名戲仿的,不是他心儀的儒家思想或者道家思想的核心價值觀念,而是以現代日常生活的瑣碎處和古代聖賢開玩笑。《橋》對於中國古典文學和思想資源的轉化是莊語,而《莫須有先生傳》裏變成了諧語。這裏面有堂吉訶德的元素,有孔乙己的元素,有拉伯雷的元素。廢名在這裏將周作人

〔註42〕廢名:《故事》,《華北日報副刊》1930年1月27日第253號。

說的「文章趣味」發揮到了淋漓盡致的地步。怪道周作人在給廢名寫序時以莊子關於「風」的比方說他是天籟，因為廢名實踐了周作人所提倡的文章漸近自然、有趣味、富有人情物理的美文標準。

（一）莫須有先生：「戲仿」──與各種思想資源遊戲

廢名創造的莫須有先生，包含了各種思想資源。廢名說他寫《莫須有先生傳》時是「興高彩烈」〔註43〕（按：「彩」字原文如此）的，文本中莫須有先生是廢名的化身，以戲仿的態度對待各種思想資源。從源頭上分析，可以將莫須有先生所具有的思想資源分為西方和中國兩大部分。如果給莫須有先生畫像，最外層的框架可以概括為「孔乙己」＋「堂吉訶德」。堂吉訶德的歡樂使得孔乙己的不合時宜具有了很多喜劇的色彩。

從廢名在《吶喊》中關於孔乙己的分析，可以看出廢名對孔乙己這個人物的認同：

> 《吶喊》裏面合我的脾胃的是《孔乙己》了。……我讀完孔乙己之後，總有一種陰暗而沉重的感覺，彷彿遠遠望見一個人，屁股墊著蒲包，兩手踏著地，在曠野當中慢慢地走。我雖不設想我自己便是這「之乎者也」的偷書賊，（我平素讀別的小說如顯克微支的《樂人揚珂》，梭羅古勃的《微笑》，彷彿我就是揚珂，就是格里沙，）但我總覺得他於我很有緣法。

> 魯迅君的刺笑的筆鋒，隨在可以碰見，如《白光》裏的陳士成，《端午節》裏的方玄綽，至於阿Q，更要使人笑得個不亦樂乎，獨有孔乙己我不能笑，──第一次讀到「多乎哉？不多也」，也不覺失聲，然而馬上止住了，陰暗起來了。這可見得並不是表現手段的不同，──我不得不推想到著者執筆時的心情上去呵。〔註44〕

廢名說《吶喊》裏合脾胃的是《孔乙己》，因為廢名的思維方式與孔乙己有相像處。儘管廢名說他讀外國作家描寫的揚珂、格里沙時更有代入感，想說明他並未設想自己是孔乙己（這是因為廢名並非像孔乙己那樣不諳世事），但他承認孔乙己與他有緣法──魯迅的諷刺塑造出的人物，陳士成、方玄綽、阿Q都只是讓廢名發笑，但孔乙己讓廢名「失聲」後立刻止笑和陰暗起來了；而

〔註43〕廢名：《莫須有先生傳・序》，開明書局1932年版，第1頁。
〔註44〕馮文炳：《吶喊》，《晨報副鐫》1924年4月13日1924年第81號。

廢名承認說魯迅在塑造這些人物時，方法並無不同，他因此不得不推想到魯迅執筆的心情，認為魯迅在塑造孔乙己時可能就特別偏愛，所以令廢名無法笑了。但其實，讀者不能不推想到廢名讀這篇小說的心情上去。因為孔乙己與廢名有相似處，這才是廢名不能笑、不得不思考的原因。

引起廢名發笑並止住的，是孔乙己護住茴香豆小碟子時說的「多乎哉？不多也」。它出自《論語‧子罕》：「太宰問於子貢曰：『夫子聖者與？何其多能也？』子貢曰：『固天縱之將聖，又多能也。』子聞之，曰：『太宰知我乎！吾少也賤，故多能鄙事。君子多乎哉？不多也。』」〔註45〕孔子想說明自己小時候窮苦，所以學會了不少鄙賤的技藝；同時孔子認為真正的「君子」，即有爵位的人，是不會有這樣的技藝的。而魯迅在小說中讓它成為關於茴香豆多少的戲言，在語境中為它賦予了新意。而這正是廢名用典的主要方法之一。廢名不得不認孔乙己於他有緣法。而廢名不肯認孔乙己的原因，是因為魯迅塑造的孔乙己在小說中確實與現實生活隔膜，而廢名是有現實社會的尺度的。魯迅並且寫了孔乙己與世俗齟齬的那一面，這一面太殘酷，孔乙己的遭遇也悲慘；從小說家描寫的是「應然的事」看來，當時才23歲的廢名當然會讀得陰暗起來。

到廢名寫《莫須有先生傳》的時候，廢名讓他的莫須有先生（「孔乙己」）處於一個十分歡樂的位置，與世俗是遊戲的態度了。這首先是因為莫須有先生對世俗是有瞭解的，其次是因為廢名將這個世俗設置得比較溫和。

如莫須有先生下鄉時對驢漢的說話：

> 你們把我往那裡駝呢？我明白，我完全不能自主，我不能不由你們走，你看，你完全有把握，一步一步走，莫須有先生要站住也奈你的驢子不何了。〔註46〕

這段話裏廢名將莫須有先生寫得非常書呆子氣。「我明白，我完全不能自主，我不能不由你們走」、「你看，你完全有把握，一步一步走」、「莫須有先生要站住也奈你的驢子不何」這樣的表達，一方面表現自己的軟弱和完全無能為力，一方面從驢漢的角度強調他們的強大，這種對比之下的滑稽，造成了小說歡樂的空氣。而即使是當時的莫須有先生，雖然如此絮絮叨叨、杞人憂天，

〔註45〕楊伯峻譯注：《論語譯注》，中華書局1980年版，第88頁。

〔註46〕廢名：《莫須有先生傳‧莫須有先生下鄉》，《駱駝草》1930年5月19日第2期。

但他自己也知道自己是在鬧著玩，沒有任何徵象表明驢漢是剪徑強人，驢漢也確實不是剪徑強人，所以小說就得以在溫和的氣氛中推進。

這種滑稽和歡樂，是受到塞萬提斯《堂吉訶德》影響的。廢名在翻譯勃蘭兌斯的《「William Shakespear」的卷首》說：「斯萬提斯的傑構立於登峰造極的地位，因了他那種上乘的滑稽，──這替世界文學開了一個新紀元。」〔註47〕廢名正是吸取了塞萬提斯的這種上乘的滑稽，並改造了它，使得他的莫須有先生在小說中盡情遊戲。堂吉訶德讀多了騎士小說要去現實世界行俠仗義，在現實中多所碰壁、傷痕累累。莫須有先生也是從故紙堆中出來的人物，但他有現實的尺度，時時注意不會偏離現實太遠。借廢名的一句話來說「他舉起酒來一飲而盡，恨不得他的愛人會驚賞他這一個豪飲了」，莫須有先生是讓讀者驚賞他這麼的和自己遊戲，這個姿態很美。所以，廢名讓莫須有先生在小說中對古代的一些文學或思想資源進行戲仿，和自己開玩笑，在其中安排趣味和人情物理。因此，塞萬提斯是知道現實是怎麼樣的，但堂吉訶德不知道。魯迅也是這樣處理孔乙己這個題材的。而莫須有先生的能量大得多，他是和廢名一樣，心中知道現實世界的尺度。所以他的玩笑不會把自己推進危險的境地。所以孔乙己真的被打斷了腿，堂吉訶德也有被打得遍體鱗傷的經歷，莫須有先生卻可以在理想和現實的裂縫中遊戲和徘徊。

《莫須有先生傳》可以看作莫須有先生每天讀書思考的用功中反省自我的記錄。廢名讓莫須有先生反省人我、思考戀愛以及生死，最後得到了啓悟而終止。莫須有先生搬到鄉下去是要多用功的，他觀察周圍人的言語舉動，寫日記，寫情書，回憶魚大姐，在井邊和姑娘嫂子聊天，最後由房東太太甥女的死而得到啓悟，於是在邏輯上自我完成了。而此時廢名的思想資源，仍以《橋》中的先秦儒家和道家思想為主，同時開始讀佛經；而從廢名的作品中可以看出，這種閱讀主要是在文辭上吸取佛經的資源，並非真對彼岸世界有迫切的追求。只看莫須有先生不忘戀愛可知，只看他從戀愛中解脫生死可知。

《莫須有先生傳》戲仿了很多題材。比如「花園巧遇」這個題目自然引起了對才子佳人小說的戲仿：

> 我如果有那麼一個運氣那就好了，一陣風吹到一個員外的花園
> 裏，給繡樓上的小姐看見了，打發丫環下來，問我是做什麼的，緣

〔註47〕廢名：《「William Shakespear」的卷首》，《語絲》1927 年 6 月 4 日第 134 期。

何到此，我就一長一短，說些好聽的故事，說我怎樣上京趕考，一
路上飽經風霜，現在不知此是何處，「你是何人！」這一唱把個丫
頭嚇走了，跑上樓去告訴她的小姐，多情的小姐就把我收留起來，
別的我不敢說，目下的問題總算解決了，因此我還可以做好些詩。
〔註48〕

「你是何人」這一聲唱，這種唱戲的聲口是對才子佳人小說哀怨氣氛的有意
破壞。「這一唱把個丫頭嚇走了」是明顯的自嘲，「多情的小姐就把我收留起
來」也就很是可笑了。「目下的問題總算解決了，因此我還可以做好些詩」轉
到功利層面，更是將才子佳人小說推到了在現實中滑稽可笑的境地。

《莫須有先生傳》對儒家思想的戲仿更比比皆是，如：

有許多事我言之而不能行，有好幾回我發奮自炊自爨，我的日
記上都有，一簞食，一瓢飲，結果總是弄得我焦頭爛額，而又有錢，
而且我到底還是一個藝術家──你看這是什麼話？曾蒙一位小姐這
樣誇獎我。〔註49〕

「一簞食，一瓢飲」出自《論語・雍也》：「子曰：『賢哉，回也！一簞食，一
瓢飲，在陋巷，人不堪其憂，回也不改其樂。賢哉，回也！』」〔註50〕「一簞
食，一瓢飲」是形容顏回的物質生活很簡陋，而他不改變他自有的快樂。廢
名這裡戲仿不善於做飯的莫須有先生面對鍋瓢的無可奈何。「而且我到底還是
一個藝術家」又跳出了儒家的思路，結末的一句「曾蒙一位小姐這樣誇獎我」
徹底將氣氛轉向了。這是以日常生活和聖賢的語言做遊戲的姿態。

在《莫須有先生傳》的結尾，莫須有先生由於房東太太外甥女的死彷彿
參悟了生死，但其實只是他對於人生需要用功的啟示：

今天今天，她，她，她，美麗的姑娘呵，好比我畫一幅畫，是我
的得意之作，令我狂喜，令我寂寞，令我認識自己，令我思索宇宙，
本來無一物，顏料的排列聚合而已，時間的剝蝕那是當然的，那又是
一個顏料的變化而已，一切，一切，這是一切呵，你們如不感到此言
的確實，那是你們感得不真切，是你們生活之膚淺！哈哈，從此我將
畫得一朵空華，我的生活將很有個意思，千朵萬朵只有這朵才真是個

〔註48〕廢名：《莫須有先生傳・花園巧遇》，《駱駝草》1930年6月2日第4期。
〔註49〕廢名：《莫須有先生傳・花園巧遇》，《駱駝草》1930年6月2日第4期。
〔註50〕楊伯峻譯注：《論語譯注》，中華書局1980年版，第59頁。

　　玩意兒，……回頭人家說我從戀愛裏頭解脫生死！〔註51〕

莫須有先生在這段話裏雖然引用了佛經「本來無一物」，說了自己對外物的理解「顏料的排列聚合而已」、「顏料的變化而已」，但並未走向佛教的彼岸世界，而是立刻建設性地想到「從此我將畫得一朵空華，我的生活將很有個意思，千朵萬朵只有這朵才真是個玩意兒」，這說明莫須有先生從生死中得到的啓悟是要建設，建設而不執著於這個建成的東西。所以是「空華」。花是要畫的，而且是要用一生去畫的。只是心中知道這個花是空的，在時間的剝蝕中最後命運是要消失的，但這個空華是要努力去畫的！所以莫須有先生在這裡去除了原來的執著於物的心，而要在不執著的狀態中努力造物了。所以他覺得創造力蓬勃興起，才會說出「我的生活將很有個意思」的話。可見莫須有先生離佛教徒的狀態差得很遠，寫作《莫須有先生傳》的廢名也正是一個執著此岸和人生的人了。

（二）莫須有先生身邊的人：以房東太太為例

　　莫須有先生身邊的人有很多，性格發展最完滿的是他的房東太太。張麗華在《廢名小說中的「文字禪」──〈橋〉與〈莫須有先生傳〉的語言研究》中認為莫須有先生和一切人的對話模式「其實不能算是真正意義上的對話，它們總是擦著邊緣，常常是因著一個詞的牽引，或者同類詞所引起的聯想，連接起談話，思想卻是風馬牛不相及的，宛如一場『能指』符號的接龍遊戲。……這樣由偶然的詞語不斷衍生開去的對話，在『所指』層面幾乎沒有接觸，有的只是誤解和獨白」〔註52〕，這是張麗華為了確立「文字禪」的中心觀點而大體言之的。房東太太的大部分談話貌似是只關心現實層面，和莫須有先生各執一詞，但她有幾段話完全是懂得莫須有先生、說得恰到好處的。如果從思想傳統的角度看來，這上可以引申到戲劇中的小丑角色。莎士比亞戲劇中的小丑平時都是傻乎乎，但一開口都是清醒透徹、直指核心的話。《堂吉訶德》中的桑丘‧潘沙在做總督時的一番言論，也見得他是一個通達情理、賢良有想法的人。房東太太平時在現實中彷彿莫須有先生的陪襯人出現，在小說過半之處卻越來越懂得莫須有先生的靈魂了：

〔註51〕廢名：《莫須有先生傳‧莫須有先生傳可付丙》，王風編《廢名集》，北京大學出版社 2009 年版，第 784～785 頁。

〔註52〕張麗華：《廢名小說中的「文字禪」──〈橋〉與〈莫須有先生傳〉的語言研究》，《中國現代文學研究叢刊》2004 年 6 月 2004 年第 3 期。

莫須有先生的生日，她要作主買蘿蔔羊肉回來燉，莫須有先生客氣說他要到城裏去，房東太太立刻說：

> 你看你，怎麼說這麼些個？這是什麼意思？我同你一點也不分心眼，你難道就真個怕我們窮人沾惹你不成？窮人難道就做人情人家也不相信？俗語說得好，「同船過渡，五百年修」，做一個人不宜心勞日拙，過到那裡是那裡。〔註53〕

房東太太的這段話，非常爽利，意思清楚明確，結尾一句還針砭了莫須有先生的問題。所以莫須有先生緊接著說「聽一言來心作驚，好似雕翎刺在心」，因為刺中了他的心事。這樣的房東太太，正是莫須有先生談話的好搭檔。在莫須有先生因為她甥女的死而感慨時，她立刻擔心莫須有先生的安危，說：

> 你是能懸崖勒馬之人，去年你一夜跑到山上去，急得我打個燈籠滿處去找你，幾幾乎一失足千古恨，我又把你帶了回來，一年之後你又作了許多功課，這件事還沒有第二人知道，今天你別又再胡思亂想，聽我勸！聽我勸！〔註54〕

「你是能懸崖勒馬之人」，這個判斷體現出房東太太對莫須有先生的評價。其後的打著燈籠尋找，完全是藹然長者關心後輩的心。而這番話裏所用的句子，無論是「一失足成千古恨」，還是「一年後你又作了許多功課」，都不是一般的房東太太所能說出來的。所以廢名在塑造這個人物形象的時候，已經不在乎之前給予她的限定性了，是作家自己出來對著自己的另一個外化莫須有先生說話了。

本來在《論語》中，孔子和弟子討論問題的語言，「繪事後素」、「如切如磋如琢如磨」的句子，都是看似毫不相關而說著同樣的問題的，有時又是說著問題的不同方面。古來即有這樣的對話傳統。而廢名的《莫須有先生傳》又是用功證道的書，那麼這本書中的人物是否以一個一貫的形象出現，並不重要。只要為自己需要表達的東西找到合適的形式即可。而且房東太太本來就是廢名想像中的人物，她和莫須有先生有著共同的源頭，是同樣的思維邏輯中產生出來的。她代表著廢名對現實世界的眼光的理解；正是有著這一維的存在，莫須有先生才不像孔乙己那樣，身處殘酷現實而不知。在小說中，

〔註53〕廢名：《莫須有先生傳·月亮已經上來了》，《駱駝草》1930 年 11 月 3 日第 26 期。

〔註54〕廢名：《莫須有先生傳·莫須有先生傳可付丙》，王風編《廢名集》，北京大學出版社 2009 年版，第 789～790 頁。

房東太太與莫須有先生的對話，也是廢名自己和自己的遊戲。所以，房東太太是懂得莫須有先生靈魂的現實眼光。

三、《橋》下卷

1932 年起，廢名開始寫《橋》的下卷。如果說《橋》的上卷是儒家思想和道家思想的相互輝映，《橋》的下卷則多了很多佛經和悟道的色彩。琴子、細竹和小林又和讀者見面了，而他們大致沒有太大的變化。琴子也仍然是儒家氣氛為主，細竹依舊是天然可喜，但又都不同了。廢名這時開始關注一些哲理性的問題，在小說中思考生死、愛情、女子命運、顏色、聲音等等，小林開口閉口經常是佛經裏的詞彙。因此，琴子、細竹也不期然而然地開始和小林一起討論這些問題。

這時出現了另外一對姊妹，即大千和小千。大千是已嫁女子的代表，且丈夫已經去世；而小千代表執著於「我」、執著於欲望的形象。廢名讓她們代表著琴子和細竹的另一種可能，並在其中對一些問題進行了思考。

但廢名在寫作《橋》的下卷時，也仍然是不能稱為佛家弟子的人。就以他在文章結尾談到捨身飼餓虎的佛典，而被雞鳴寺的長老說是「習相遠」，因為他還是從好看、好聽即耳目聞見的角度去理解佛典的，他還是一個文學家。以下是對其中各人物的具體分析。

（一）琴子

琴子這時候仍然是藹然仁者的形象。她比上卷中的形象更成熟了。在小千挑眼，大千搶白，小千有點惱了的時候，琴子想表達她的觀點，平息爭端：

> 琴子從旁很怯弱似的啟齒道：
>
> 「我想應該無人相，無我相。」
>
> 琴子這話一出口，自己感著自己的意思很生澀，自己又實是感著一個成熟的情感，她的靈魂今日不是平日的平靜，自己又說不出所以然來，自己壓迫著自己一個不慣的煩躁，——說了那一句話，自己的煩躁果然擠出去了，她真是如釋重負，簡直怕敢再有一個別的想頭了。〔註55〕

〔註55〕廢名：《橋（下卷）・行路》，天津《大公報・文藝》1935 年 12 月 15 日第 60 期。

這段話中，琴子雖然用了佛經中的詞「無人相」、「無我相」，但她的意圖是要平息大千和小千之間的惱火。她想表明一個人不要太拘執於自我，就可以少了很多煩惱。而這一開口，就是一個判斷的調子，有褒貶。雖然沒有明說觀點，而春秋筆法已經什麼都說明白了。這在琴子是一個巨大的突破，她是勇敢的儒者了。雖然意思表達還生澀，但是成熟的判斷發爲音聲。由於是不能已於言，所以琴子如釋重負之後「簡直怕敢再有一個別的想頭」，是因爲儒家「明於禮義而陋於知人心」，對於人心豐富處不是很感興趣。

琴子這一做法收到了效果──「奇怪，大千小千同細竹三個人，一時也都失卻自己的意見，看著琴子，然而各人自己還是各人自己的意見，怎麼都共有一個平息罷了。」〔註56〕

這也正是儒家的特徵。《論語·子路》中說：「子曰：『君子和而不同，小人同而不和。』」〔註57〕這種各人保有各人意見的共有一個平息，正是孔子說的「和而不同」的狀態。琴子也確實是一個「老者安之，少者懷之」的性格。

（二）細竹

細竹這時候比前已經成熟了好多。而細竹這個人物才特別見出廢名的偏愛。最見精神的意象、最天眞的情境，都是細竹的。細竹在《橋》的下卷也最能體貼人的心意。她看明白了大千和小千的世界，她自己也從中得到成長，她的純任天然發展到了自覺的地步。

細竹在這一卷的精神體現主要是以她的自然狀態來反觀出大千、小千的情感狀態。

初見大千、小千時，大家都不說話，是細竹「禁不住撒了手掉過面來攔住琴子，原來她是攙著琴子緩步而來，掉過來她且埋怨且笑道：『你不進去就回去，站在這裡幹什麼呢？我們都是同鄉！』」〔註58〕她這樣的聲張就作了幾個人認識的一個契機。大千小千「已經猜得她是一位妹妹，她有著令人見了她沒有隔閡的勢力了」，「大家都在她的天眞裏忘形，眞是一見如故了」〔註59〕。細竹繼續著她純任天然的純眞狀態。

〔註56〕廢名：《橋（下卷）·行路》，天津《大公報·文藝》1935 年 12 月 15 日第 60 期。

〔註57〕楊伯峻譯注：《論語譯注》，中華書局 1980 年版，第 141 頁。

〔註58〕廢名：《無題》，《學文》1934 年 6 月 1 日第 1 卷第 2 期。

〔註59〕廢名：《無題》，《學文》1934 年 6 月 1 日第 1 卷第 2 期。

在小千總是喜歡搶白大千，在人中總要標記自己的特別性的時候，細竹批評了一句：「小千說話總是小氣，愛嫉妒人」，廢名接著寫道：「她的話無精打採的說著，她沒有說小千不好的意思，說著若無其事。琴子同小千兩人精神都爲之一奮興，但沉默著，彷彿此刻這室內燈光是她們兩個人的了。是的，燈光不動人影，人的心思好像比燈光更有面貌了。慢慢的琴子又是琴子自己，靈魂兒又是今夜路上那燈兒，正惟夜裏乃獨自寧靜了。」〔註60〕這一句對小千的評價，也只有純任自然的細竹才說得出。她說出口之後，自己並沒有什麼褒貶的意思，卻驚動了小千和琴子。琴子帶有很強的儒家色彩，肯定對這樣涉及德行的言語特別注意，但也就慢慢安靜下去了。沒說小千安靜下去，說明小千的心情一定一直起伏，思考著細竹這句話。

緊接著是細竹和小千一起去睡。細竹發現大千和小千不像她和琴子一樣是同一個睡床，「細竹乃不再作聲，她端坐著，好像另外又想起什麼，小千在那裡安排安排事情，她也不理會」〔註61〕，廢名這裡不再寫了。而讀者應該可以想見，細竹所想的，是姊妹倆的親疏關係。在比較中，細竹體認著自己和琴子的關係。這是這個天眞的孩子在慢慢長大的過程。

而緊接著細竹對大千睡床的評論：

> 小千，你說這是大千的床，——大千昨夜裏也是睡這床嗎？怎麼這不像是大千的床，像是我的床，我好像做夢一樣，怎麼今夜在這裡睡，乘一葉之扁舟漂到大海裏去。〔註62〕

這段細竹的話反映出細竹這個人物的裂隙。她「像孩子」而非「孩子」，她是到了成熟階段而保持童眞的狀態。這是道家的境界，也是佛家一些修行者的境界。細竹所說的漂到大海裏的故事，關涉到廢名喜愛的一個意象，在第三章裏將詳細討論。

正因爲細竹如孩子一樣沒有成見，所以她洞見了小千的性格特徵，說出「她的東西都不像她的，你的東西都是小千你自己的東西，給我我也不要」〔註63〕這樣的言語。讀了小千的日記之後，她明白了大千和小千的故事，對大千充滿同情，並且產生了認同感。所以第二天一早見大千時，她就對大千說：「大

〔註60〕廢名：《橋（下卷）‧螢火》，《文學雜誌》1937年7月1日第1卷第3期。
〔註61〕廢名：《橋（下卷）‧螢火》，《文學雜誌》1937年7月1日第1卷第3期。
〔註62〕廢名：《橋（下卷）‧螢火》，《文學雜誌》1937年7月1日第1卷第3期。
〔註63〕廢名：《橋（下卷）‧螢火》，《文學雜誌》1937年7月1日第1卷第3期。

千姐姐，我今天早晨同平日不一樣，我看你也同平日不一樣，我們兩人算是最好的朋友。」〔註64〕這是細竹在命運的意義上明白了大千，也明白了自己。而廢名對細竹的評價是：

> 總是細竹一個人的心情最忙。反過來說也對，細竹一個人最不忙，她好像流水一樣，流水所以忙，流水所以不忙。是的，我們看天上的星，看石頭，看鏡子，看清秋月，看花，看草，看古樹，這一件一件的啓人生之寧靜，寧靜豈非一個擔荷？豈非一個思索？大約只有水流心不競了。流水也是石頭，是鏡子，是天上的星，是月，是花，是草，是岸上樹的影子。〔註65〕

爲什麼心情的「最忙」和「最不忙」可以用「流水」來比方呢？這就是周作人爲廢名寫的《莫須有先生傳·序》裏的思想了：「《莫須有先生》的文章的好處，似乎可以舊式批語評之曰，情生文，文生情。這好像是一道流水，大約總是向東去朝宗於海，他流過的地方，凡有什麼汊港灣曲，總得灌注瀠洄一番，有什麼岩石水草，總要披拂撫弄一下子才再往前去，這都不是他的行程的主腦，但除去了這些也就別無行程了。這又好像是風，──說到風我就不能不想起莊子來。」〔註66〕廢名將周作人對自己文章的讚賞之詞移到細竹身上，形容她平時的心情，像流水一樣無所用心，而處處是心。正是道家自然與外物相處的狀態。

而廢名「看天上的星，看石頭，看鏡子……」這一表達，也是來自於周作人的一篇文章《北京的茶食》：「我們於日用必需的東西以外，必須還有一點無用的遊戲與享樂，生活才覺得有意思。我們看夕陽，看秋河，看花，聽雨，聞香，喝不求解渴的酒，吃不求飽的點心，都是生活上必要的──雖然是無用的裝點，而且是愈精鍊愈好。」〔註67〕周作人認爲這些生活的精鍊物，是人的精神必需的。廢名更進一步，把與自然外物的接觸交流看成「一件一件的啓人生之寧靜」，同時指出這種寧靜是一種「擔荷」、「思索」，這就是說，外物促成人的自我形成。這裏說的是外物與人的關係問題。所以廢名要說「大

〔註64〕 廢名：《橋（下卷）·牽牛花》，《文學雜誌》1937年8月1日第1卷第4期。
〔註65〕 廢名：《橋（下卷）·牽牛花》，《文學雜誌》1937年8月1日第1卷第4期。
〔註66〕 周作人：《莫須有先生傳序》，《周作人自編文集·苦雨齋序跋文》，止菴校訂，河北教育出版社2002年版，第111頁。
〔註67〕 周作人：《北京的茶食》，《周作人自編文集·澤瀉集 過去的生命》，止菴校訂，河北教育出版社2002年版，第18頁。

約只有水流心不競了」，因爲水流像莊子的風一樣，自己沒有成心，只是讓萬物自然發出自己的聲音，就大千、小千都能在細竹面前自由表現一樣，這才眞正是得了道家精神的精髓。這正是道家說的天籟：「夫天籟者，吹萬不同，而使其自己也，咸其自取，怒者其誰邪！」〔註68〕所以廢名接著說「流水也是石頭，是鏡子，是天生的星……」，這個判斷詞「是」，表示的是流水與外物合一的境界。由於流水沒有成心，所以它可以以它經過的物體爲標記和完成，那就是它自己。在擔荷和思考中，流水和它流過的地方達到了同一性。這是道家思想的典型特徵。

（三）小林

這章出現的小林，經常在思索一些很大的問題，如生死、愛情、女子命運、顏色、聲音等。他經常處於一個人思索的狀態，周圍的一切都可以給他以啓悟。但小林還是在爲人此生的命運糾結，他並沒有超脫到彼岸去。

首先是從文學到哲學的轉變。在《窗》這一節，小林看到細竹的睡容而意識到人我之間的距離：

> 因爲這一個自分，自己倒得了著落，人生格外的有一個親愛之誠，他好像孤寂的在細竹夢前遊戲畫十字了。他在那裡伏案拿著紙筆寫一點什麼玩，但毫無心思作用，手下有一枝筆，紙上也就有了筆劃而已。胡亂的塗鴉之中，寫了「生老病死」四個字，這四個字反而提醒了意識，自覺可笑，又一筆塗了，塗到死字，停筆熟視著這個字，彷彿只有這一個字的意境最好，不知怎的又回頭一看睡中的細竹，很有點戰兢的情緒，生怕把她驚醒了，但感著得未曾有的一個大歡喜，世間一副最美之面目給他一旦窺見了。〔註69〕

由人我之間的距離回到自我，他在給細竹祈福之外，考慮到生命的問題。所以會想到「生老病死」的問題，他又怕他考慮的這麼嚴肅的問題把細竹驚醒了，所以會戰兢地看一眼細竹。這一個啓悟之後，他一個人到院子裏去玩。等他再回來的時候，細竹醒了，琴子也回來了。小林「眞是好久沒有聽人間說話似的，對於聲音有一個很親媚的感覺，笑著向她們說道：『你們的話都說得新鮮，連聲音都同平日不一樣。』」〔註70〕，其實不是琴子和細竹的聲音變

〔註68〕陳鼓應：《莊子今注今譯》，中華書局1983年版，第34頁。
〔註69〕廢名：《橋（下卷）·窗》，《新月》1933年6月1日第4卷第7期。
〔註70〕廢名：《橋（下卷）·窗》，《新月》1933年6月1日第4卷第7期。

了，而是經過以上那個體悟的小林變化了，所以才覺得都是新鮮的了。所以他會問出這樣一個問題：「我再想起了一個很好的變化，古人夢中失筆，醒轉來不曉得是什麼感覺？有一個痕跡不能？」〔註71〕琴子說那大概是忘記了怎麼做詩，細竹說是不會做詩，小林覺得她們都沒有會得他的意思。那小林的意思是什麼？聯繫剛才的上下文可以知道，小林其實在說他自己。他由細竹的睡態聯想到生老病死，於是開始體悟生命的問題，關注的中心點由文學轉變爲哲學問題了。由於不做文學家了，所以他會用古人夢中失筆來爲自己作一個注腳。同時他問「有一個痕跡不能？」，這也是他的自問。在他的小說中，他是用這句話給讀者留了一個痕跡了。

此後，小林果然開始悟道了。在之後的《行路》一章，小林踱進樹林，記起有一回夏天他在一個大樹林裏見一個女子寫生，他冥想女子那一筆的自然；緊接著他又遇到水田旁邊一個捉蛤蟆的小孩子，又如晤對另一副自然之面目。他思考道：

> 天地萬物，俱以表現爲存在，鳥獸羽毛，草木花葉，人類的思維何以與之比映呢？滄海桑田，豈是人生之雪泥鴻爪？〔註72〕

此處的悟道，已經和廢名之前的審美傾向有點不同了。廢名此前經常慨歎的一個意象是李商隱的「好爲麻姑到東海，勸栽黃竹莫栽桑」，即希望滄海不要那麼快變爲桑田，人世的變化不要那麼快。但是這裡他問一句「滄海桑田，豈是人生之雪泥鴻爪」，就說明他已經覺得人的自我中心沒有意義了：滄海變爲桑田是自然的變遷，何干人類的事情呢，不需要爲「人生到處知何似，應似飛鴻踏雪泥。泥上偶然留指爪，鴻飛那復計東西」的雪泥鴻爪而悲歎。

然而，儘管小林以爲自己開始悟道了，他卻顯然還是留戀於人間的顏色和聲音。他雖然喜讀《投身飼餓虎經》，會想像著自己在山林裏遇到老虎，但他想的是：

> 倘若前面眞有一個老虎來了，我想我不怕，因爲老虎把一個人吃了，一定不在路上留一個痕跡，即是說這個人沒有屍首，可謂春歸何處，這個老虎它無論走到那裡也不顯得它吃了我的相貌，總是它的毛色好看，可算是人間最美的事。〔註73〕

〔註71〕廢名：《橋（下卷）·窗》，《新月》1933年6月1日第4卷第7期。
〔註72〕廢名：《橋（下卷）·行路》，天津《大公報·文藝》1935年12月15日第60期。
〔註73〕廢名：《橋（下卷）·蚌殼》，《廢名集》，王風編，北京大學出版社2009年版，第654頁。

可以看出，廢名仍然是從審美的角度去理解這部經的。人不留屍首，老虎的
毛色好看，這些想法都是留戀於人間的顏色的。所以雞鳴寺的和尚向他說明
說，菩薩捨身飼虎是為了救母虎和七隻小虎，不是為了一個美麗的意象而做
這樣的事的。小林從這裡體悟到藝術與道德的來源都是生命，意識到自己的
隔膜。所以，小林在這部書裏還是一個探索者的形象。與上卷相比，雖然多
了很多佛經中的詞彙、多了許多苦苦思索，但並未從根本上發生思想改變。
而且《橋》的下卷寫到《蚌殼》一節就沒再繼續寫了，所以小林的思考之路
就暫時中斷了。這個探求的過程要到下一階段，要到莫須有先生在黃梅的思
考以及《阿賴耶識論》中，才有進一步發展的線索。

（四）大千：嫦娥的化身；小千：執著於「我」的欲望

廢名筆下的大千，是個不幸的女子。出嫁不久而丈夫去世，在廢名能創
造的世界裏，將沒有什麼是她的了。而且，大千身邊還有個凡事喜歡和她比
較、爭搶的妹妹小千，廢名以小說來討論，大千這樣的女子應該怎樣度過人
生呢？這裡，體現出廢名對女子命運的思考。

廢名很喜歡嫦娥這個意象，在《橋》的下卷，大千就是嫦娥的化身，寂
寞地守著自己的影子的意象。有一段話專門寫大千的情境類似於月亮裏面的
嫦娥：

> 大千望一望天上的星，望一望夜中螢火，握了細竹的手，臨進
> 門時還要向室外光景作別一句：
>
> 「螢火四面飛，令人覺得身子十分輕，好像在一天星中，——
> 奇怪，我說星中，並沒有想在天上去，好像在海上。」
>
> 她的神氣近乎臨空而問。〔註74〕

關於嫦娥的意象，在本文第三章中將詳細討論，這裡只簡單分析。大千說的
這句「並沒有想在天上去，好像在海上」是李商隱一首詩「嫦娥應悔偷靈藥，
碧海青天夜夜心」的描摹。廢名自己曾擬想李商隱的心情說：「我們以現代人
的眼光去看這詩句，覺得他是深深的感著現實的悲哀，故能表現得美，他好
像想像著一個絕代佳人，青天與碧海正好比是女子的鏡子，無奈這個永不凋
謝的美人只是一位神仙了。難怪他有時又想到那裡頭並沒有脂粉」〔註75〕，
廢名正是體會到大千在現實中的悲哀，於是根據他對李詩的理解將大千放到

〔註74〕廢名：《橋（下卷）·螢火》，《文學雜誌》1937 年 7 月 1 日第 1 卷第 3 期。
〔註75〕廢名：《新詩問答》，《人間世》1934 年 11 月 5 日第 15 期。

這樣一個情境中了。四面的螢火彷彿一天星星，而天上自有星星，所以大千就感覺自己在海上，青天碧海兩面鏡子互相映照，正是李商隱詩中「碧海青天夜夜心」意境的展開。嫦娥代表永遠的寂寞。廢名經常書寫的寂寞兩字得到了一個形象的寄託，即大千。

廢名對大千充滿同情，他讓小說中的細竹獲得和大千一樣的自認，細竹並且安慰大千要自己尊貴自己、自己守自己的影兒。其實，早在還沒認識大千之前，細竹已經在來天祿山的路上參禪說：「女子只有尼庵，再不然就是墳地。」〔註76〕但即將結婚的琴子，怎麼能理解細竹的這個心情呢？也只有在遇到大千之後，細竹的這個想法才可以得到繼續的發展。大千受到安慰之後，也具有了安慰人的力量。在小千被細竹「她這話是真的嗎」問得不開心了之後，大千思有以安慰妹妹，就在細竹念叨小時候對於木魚的記憶時，她笑著問琴子：「她這話是真的嗎？」把大家都逗笑了。這樣，大千在細竹的安慰中找到了自己在人生的立足點，即獨立不依傍的位置，這是廢名對女子命運思考之後的有建設性的答案。

而小千呢，是廢名小說中一個比較特異的女子形象。一方面，她是讀書的，見識談吐和琴子細竹是一個層級的人。另一方面，她不像其他幾個女子有超越於人的基本欲望的思想資源。她正是一個執著於「我」、執著於欲望的女子形象。

小千和姐姐喜歡同一個人，她肯定是用各種方法去爭取的。小千對於自己的東西非常具有佔有欲。所以細竹說：「到底那個燈是你的還是大千的？要是你的我就賠你一個，小千很可憐」〔註77〕，小千的可憐處在於她拘執於一個「我」字，沒法超脫。所以小說中小千總是容易惱了。細竹對於小千的疑惑也正是廢名對於小千的疑惑：「小千你為什麼那樣的執著呢？你這豈不是自私嗎？你同大千兩人不是親生的姊妹嗎？」〔註78〕從廢名的字裏行間，可以看出廢名是不太喜歡小千這個人物形象的。

小千正代表了世俗一般女子對於感情、對於外物的態度。廢名塑造小千的目的，由於《橋》的下卷沒有寫完，因此不得而知。但從邏輯上推演，廢名不會放棄任何一個女子形象的。小千後來應該也是悟得之人中的一個，但這種推想就無法落實了。

〔註76〕廢名：《橋（下卷）‧水上》，《新月》1932 年 11 月 1 日第 4 卷第 5 期。
〔註77〕廢名：《橋（下卷）‧螢火》，《文學雜誌》1937 年 7 月 1 日第 1 卷第 3 期。
〔註78〕廢名：《橋（下卷）‧螢火》，《文學雜誌》1937 年 7 月 1 日第 1 卷第 3 期。

第四節　1937～1949：朱熹的「天理」與唯識宗的「種子」義

　　1937 年後的廢名，小說的風格有了較大的變化，比此前更加關注「道」的問題。他在黃梅鄉間教小學生國文，教中學生英文，辭職後著《阿賴耶識論》，影響他的主要是朱熹的《四書集注》和唯識宗的「種子」義。但即使到這個時候，廢名也仍然不是佛教徒，雖然他之前就稱他自己是一個「禪宗大弟子」，還稱自己是佛教徒，但從根本上說，廢名未接受佛教的思維體系。

一、《莫須有先生坐飛機以後》：修行

　　莫須有先生的思想資源是什麼呢？與此前的莫須有先生和小林區分，他增加了什麼，減少了什麼？讀者細心玩索可以看出，他繼承了西山時期莫須有先生和《橋》中小林的幾乎全部觀念，增加的部分是對朱熹《四書集注》關於修行以增進德行的理解，以及對唯識宗一些概念的認識。

　　廢名在後期寫的《我怎樣讀論語》中透露了他思想的變化歷程。他說他是由他的錯處懂得了孟子的「性善」：

> 民國二十四年，我懂得孟子的性善，乃是背道而馳懂得的，……一旦我懂得「性」，懂得我們一向所說的性不是性是習，性是至善，故孟子說性善，這時我大喜，不但救了我自己，我還要覺世！……人的一生便是表現性善的，我們本來沒有決定的錯誤的，不貳過便是善，學問之道便是不貳過。「人不能勝天」，這個觀念是錯的，人就是天，天不是現代思想所謂「自然」，天反合乎俗情所謂「天理」，天理豈有惡的嗎？惡乃是過與不及，過與不及正是要你用功，要你達到「中」了。中便是至善。人懂得至善時，便懂得天，所謂人能弘道。……此事令我覺得奇怪，不懂得道德標準來自本性，而自己偏是躬行君子，豈孔子所謂「蓋有不知而作之者歟？」……朱子不懂是因為朱子沒有這個千載難逢的經驗，或者宋儒也沒有這個廣大的識見，雖然他們是真懂得孔子的。……你要知「天」，知識怎麼知呢？不靠德行去經驗之行嗎？〔註79〕

這段話談的是《大學》和《中庸》的道理。廢名說他在 1935 年懂得了孟子的

〔註79〕廢名：《我怎樣讀論語》，《天津民國日報·文藝》1948 年 6 月 28 日第 132 期。

「性善」，其實他是從程朱理學而懂孟子的「性善」的。廢名之所以說他是「背道而馳」懂得《孟子》的「性善」，指的是他是從「習」之不善而瞭解了「性」的善的。這正是《大學》和《中庸》的思路。

《孟子》的「性善」是從「四端」來定義的：

> 所以謂人皆有不忍人之心者，今人乍見孺子將入於井，皆有怵惕惻隱之心——非所以內交於孺子之父母也，非所以要譽於鄉黨朋友也，非惡其聲而然也。由是觀之，無惻隱之心，非人也；無羞惡之心，非人也；無辭讓之心，非人也；無是非之心，非人也。惻隱之心，仁之端也；羞惡之心，義之端也；辭讓之心，禮之端也；是非之心，智之端也。人之有是四端也，猶其有四體也。有是四端而自謂不能者，自賊者也；謂其君不能者，賊其君者也。〔註80〕

孟子以人突然看到一個小孩子要跌到井裏去而生起驚駭同情的心情的例子，說明人生而有仁義禮智的「四端」，正是在這裏建立起「性善」論的。可以看出，這與廢名關注的問題是有距離的。

朱熹的《大學章句序》對《大學》的解讀是：

> 蓋自天降生民，則既莫不與之以仁義禮智之性矣。然其氣質之稟或不能齊，是以不能皆有以知其性之所有而全之也。一有聰明睿智慧盡其性者出於其間，則天必命之以為億兆之君師，使之治而教之，以復其性。〔註81〕

朱熹《中庸章句序》對「人心」、「道心」的解釋是：

> 「人心惟危，道心惟微，惟精惟一，允執厥中」……蓋嘗論之，心之虛靈知覺，一而已矣。而以為有人心、道心之異者，則以其或生於形氣之私，或原於性命之正，而所以為知覺者不同，是以或危殆而不安，或微妙而難見耳。然人莫不有是形，故雖上智不能無人心，亦莫不有是性，故雖下愚不能無道心。二者雜於方寸之間，而不知所以治之，則危者愈危，微者愈微，而天理之公卒無以勝夫人欲之私矣。精則察夫二者之間而不雜也，一則守其本心之正而不離也。從事於斯，無少間斷，必使道心常為一身之主，而人心每聽命

〔註80〕楊伯峻譯注：《孟子譯注》，中華書局1960年版，第79～80頁。
〔註81〕朱熹：《大學章句序》，朱熹撰，徐德明校點：《四書章句集注》，上海古籍出版社、安徽教育出版社2001年版，第1頁。

　　爲，則危者安，微者著，而動靜云爲自無過不及之差矣。〔註82〕
朱熹對《大學》的解釋正是廢名所感慨的以學習來糾正「習」、以返「性」的
意思。這也正是朱熹所強調的《大學》的精神核心所在。而《中庸》中對人
心、道心的區分，從朱熹的解釋可以看出，是對「人欲之私」、「天理之公」
的區分。參之《中庸》提綱挈領的首句「天命之謂性，率性之謂道，修道之
謂教」〔註83〕，此處的「道心」、「天理之公」也就是《中庸》所說的「天命」、
「性」、「道」。按照朱熹的解釋，《大學》和《中庸》的精神一以貫之，即通
過學習、踐行來修道，從而使人能去掉私欲的障壁，達到「率性」的「道」、
「天命」的境地。所以廢名在這段話裏說「人就是天，天不是現代思想所謂
『自然』，天反合乎俗情所謂『天理』，天理豈有惡的嗎？惡乃是過與不及，
過與不及正是要你用功，要你達到『中』了。中便是至善。人懂得至善時，
便懂得天，所謂人能弘道」，廢名在這裡直接提出了無過與不及的「中」的概
念，這個概念正是《中庸》的核心概念。也正如《中庸》所說「好學近乎知，
力行近乎仁，知恥近乎勇」〔註84〕，廢名強調要知「天理」也就是人天性的
「至善」，只能靠德行去經驗。而其實朱熹對《大學》和《中庸》的這種解讀
和強調，是受到《壇經》影響的。《壇經》裏說：

　　　　一切經書，及諸文字，小大二乘，十二部經，皆因人置，因智
　　惠性故，故然能建立。若無世人，一切萬法，本元不有。故知萬法，
　　本因人興；一切經書，因人說有。緣在人中有愚有智，愚爲小人，
　　智爲大人。迷人問於智者，智人與愚人說法，令彼愚者悟解心解；
　　迷人若悟解心開，與大智人無別。故知不悟，即是佛是眾生；一念
　　若悟，即眾生是佛。故知一切萬法，盡在自身中，何不從於自心頓
　　現眞如本性。《菩薩戒經》云：「我本元自性清淨」。識心見性，自成
　　佛道。《維摩經》云：「即時豁然，還得本心。」……若不能自悟者，
　　須覓大善知識示道見性。何名大善知識？解最上乘法，直示正路，
　　是大善知識。是大因緣，所謂化道，令得見性。一切善法，皆因大
　　善知識能發起故。三世諸佛，十二部經，亦在人性中本自具有。不
　　能自悟，須得善知識示道見性；若自悟者，不假外善知識。若取外

〔註82〕朱熹：《中庸章句序》，朱熹撰，徐德明校點：《四書章句集注》，第17頁。
〔註83〕《中庸章句》，朱熹撰，徐德明校點：《四書章句集注》，第20頁。
〔註84〕《中庸章句》，朱熹撰，徐德明校點：《四書章句集注》，第34頁。

　　求善知識，望得解脫，無有是處。識自心內善知識，即得解脫。若
　　自心邪迷，妄念顛倒，外善知識即有教授，救不可得。汝若不得自
　　悟，當起般若觀照，刹那間，妄念俱滅，即是自真正善知識，一悟
　　即知佛也。自性心地，以智惠觀照，內外明徹。〔註85〕

大段引用《壇經》，是為了說明《壇經》與朱熹對《大學》、《中庸》的解釋之間的關係。由這一段引文可以看出《壇經》的基本觀點：1、經書都是為人而設，是為了讓人了悟的。2、智人為愚者說法，愚者悟解心開後，與智者無別。3、萬法皆在自性中，需從自心頓現真如本性。4、能自悟者，不需藉重身外的善知識；不能自悟，則需大善知識示道見性；而如自心邪迷，有外善知識也無法了悟。5、了悟與否是眾生與佛的界限。一旦了悟，即時豁然，還得本心，眾生即佛。

　　這裡，「萬法皆在自性中」的觀點，被朱熹直接借用去解釋人的天性了。而「人欲之私」、「天理之公」的區分，也是來自《壇經》的「習染」與「自性清淨」的區別。而朱熹和慧能的區別在於，朱熹強調「聰明睿智慧盡其性者出於其間，則天必命之以為億兆之君師，使之治而教之，以復其性」，即先覺者是要做後覺者的「君師」的，有政治和教化的訴求。而慧能則強調人能自悟則不需藉重大善知識，如果自性執迷、大善知識也無法救得，禪宗終究強調自悟。而且「一念若悟，即眾生是佛」的觀點也排除了人在覺悟程途上的等級差別。這裡還可以看出，朱熹所說的「聰明睿智慧盡其性者」是要主動去覺世的；而慧能所說的「大善知識」是在「不能自悟者，須覓大善知識示道見性」的過程中，為不能自悟的人「直示正路」的，這裡，主動的一方是「不能自悟者」。廢名自述受到啟示後大喜的心情：「不但救了我自己，我還要覺世！」這種主動性正體現出儒家「先知覺後知，先覺覺後覺」的擔當精神，從這裡也可以看出廢名與佛家的分界，他內在的思維體系是儒家的理路。

　　同時，達到人的天性的方式是躬行，因為「不知而作之者」也是可以弘道的，所以最關鍵的是靠德行去經驗之。學問之道也正是幫人達到「中」即至善天性的途徑。這時期廢名的生活，從《莫須有先生坐飛機以後》中可以看出，這部作品正是廢名踐行的記錄。所以他從日常生活中的事物經常會觸發起「終身之憂」，正是他時刻躬行的證明。

〔註85〕慧能著，郭朋校釋：《壇經校釋》，中華書局1983年版，第57～60頁。

也正是從這一點上，可以看出廢名雖然在多處稱自己是一個佛教徒，但並未真正走到佛教信徒的地步，他始終是執著人生的。這可以從兩個地方判斷。一是廢名食肉。食肉這個問題廢名自己在《莫須有先生傳》裏曾經詳細地論證過。他說：

> 莫須有先生堅決地相信，人是不應該食肉的，食肉必然是獸的。……人是懂道理的，便應該懂得道理，首先不應該殺生，而從反抗食肉的味覺做起。莫須有先生堅決地相信，「生」如果是「天理」，不是業，大家便不應該有犬齒，蔬食不好嗎？犬齒與殺人以刃有何異哉？……總之莫須有先生堅決地相信，眞理是不可以食肉的。莫須有先生信佛教，而莫須有先生尚是食肉獸，故莫須有先生有終身之憂。〔註86〕

如果廢名眞的信佛教，以廢名對道理的熱愛和對踐行道理的理解（他認爲「知」是一定要靠德行去經驗之的），他一定會蔬食的。不曾蔬食的原因不是因爲欲望，而是因爲沒有眞正從根本上成爲佛教徒，所以表現出來的形象必然是未棄食肉的習慣。

另一個表明廢名並未眞正成爲佛教徒的證據是廢名對人生的忠實。莫須有先生在動手著《阿賴耶識論》的時候，因在樹林裏見了一個孩子而有一番悵惘：

> 莫須有先生看著他優游自得的神氣覺得很有趣，不知他何所聞而來何所見而去了，不同莫須有先生交一句言了。莫須有先生想，人各一宇宙，此人的宇宙與彼人的宇宙無法雷同，此揀野糞的小孩如何而能理解霜林裏天才的喜悦呢？便是聲音笑貌也自有智愚美醜之懸殊，彷彿同類而不一類了，是遺傳之差嗎？環境之異嗎？不是的，根本的問題不是這個，遺傳與環境是大同而小異，問題在於靈魂是各人自己的了。……我們大家都是有三世因果的，故無法強同，莫須有先生望著提著糞籃的小孩子的後影，很是悵惘，人生是夢，而夢是事實，所謂同床異夢。〔註87〕

〔註86〕 廢名：《莫須有先生坐飛機以後・一天的事情》，《文學雜誌》1948 年 4 月 1 日第 2 卷第 11 期。

〔註87〕 廢名：《莫須有先生坐飛機以後・莫須有先生動手著論》，《文學雜誌》1948 年 11 月 1 日第 3 卷第 6 期。

此時的廢名，已是著《阿賴耶識論》時期。他雖然以「我們大家都是有三世因果的」來解釋孩子不和他說話的事實，但他對此事的在意就說明他的執著。他認「人各一宇宙」、「靈魂是各人自己的」，這是阿賴耶識論的「種子」義，但他結末的一句「人生是夢，而夢是事實」並不簡單，這裡關聯到廢名的思想特徵。這個問題，在第二章中會詳細討論。

二、《阿賴耶識論》：「因果的定義便是種子義」

廢名寫作《阿賴耶識論》是爲了破「進化論」，廢名以唯識宗的「種子」義來破進化論的「生」的概念。進化論在經驗的生物學的基礎上立論，廢名在邏輯演繹的宗教的基礎上立論。在一開始的概念「生」上，兩者即無法達到一致，廢名自己對這種駁論方法解釋道：「開首就以摧毀進化論爲目標，因爲他是一個無根的妄想而做了近代社會一切道德的標準，殊堪浩歎。往下我的說話卻不必與他有交鋒之點，只要話說明白了，進化論不攻自破，世人知其爲妄想可也」〔註88〕。所以從這部書中，我們可以瞭解廢名對唯識宗的理解。從廢名的陳述可以看出，他對唯識宗的理解集中在唯識宗對因果的定義上。

（一）廢名認為儒家和佛家殊途同歸

廢名在《莫須有先生坐飛機以後》中說道：

> 莫須有先生於中國大賢佩服孟子，佩服程朱，因爲他們都是信孔子，他們都是溫故而知新，溫故而知新故信孔子。孟子道性善，是孟子的溫故而知新。程子格外提出致知在格物，是程子的溫故而知新。在佛教方面，空宗菩薩破因果，而是破世情的因果，即是破沒有因果定義的因果；有宗菩薩則是說因果，規定因果的定義。因果的定義便是種子義。說明種子義便是說明輪迴。故佛教是一貫的。孔子是不知爲不知，故曰未知生焉知死。佛教則是知之爲知之。不知與知有什麼衝突呢？儒家的生活除了食肉而外，除了祭祀殺生而外，沒有與佛教衝突的。而祭祀也正是儒家，因爲它是宗教。〔註89〕

從前一節的分析可以看出，繼承程子學說的朱熹對《大學》、《中庸》的解讀

〔註88〕 廢名：《阿賴耶識論・述作論之故》，王風編《廢名集》，第1842～1843頁。
〔註89〕 廢名：《莫須有先生動手著論》，《文學雜誌》1948年11月1日第3卷第6期。

是受到佛經影響的，而廢名在這裡提出的孟子的「性善」、程子的「格物」，正是朱熹所闡發的《大學》、《中庸》的核心精神，所以廢名在這裡是只看到了程朱理學與佛家相似的現象。雖然他說孟子（其實是經過朱熹重新解釋的孟子）、程朱是對孔子「溫故而知新」（「溫故而知新」其實是創造性地發展），但他未曾看清楚這種相似正是程朱從佛教吸取思想資源的結果。

這段話裏，廢名說「有宗菩薩則是說因果，規定因果的定義。因果的定義便是種子義。說明種子義便是說明輪迴」，這正是廢名所理解的唯識宗的核心內容。廢名自己在《阿賴耶識論》中闡明自己讀書的態度：

> 我讀書向來沒有從書上學得什麼，我讀書乃所謂「就有道而正焉」。當我自己悟得種子義的時候，我歡喜讚歎，於是我由空宗而懂得有宗，由有宗而更懂得空宗矣。〔註90〕

這段話顯示出廢名讀書的習慣，即先由自己悟得，再從已有的經籍驗證。這種讀書習慣決定了廢名對經義理解的主觀性很強，也決定了往往只取經籍中的一點，對經籍的整體思維不作太多關注。在這種情況下，廢名認儒家、佛家殊途同歸的現象，而未能看出它們在思想發展的路途中互相影響的事實，便不足爲奇了。在這個意義上，可以說，廢名對於思想資源的取用，往往是取其可以證明自己觀點的部分；尤其是面對卷帙浩繁的佛經系統，同時在黃梅鄉間又缺乏圖書的情況下，這種閱讀不可能對佛經的整體思想作理解和把握。廢名對於佛家，始終是取其對自己有啓發的思想資源，而並未成爲佛教弟子。雖然他經常自稱自己是佛教中人，但要從廢名的作品中，看到他實際所走到的思想境地，則可以見出，廢名始終沒有對佛教的涅槃或解脫境界感興趣，而這兩個問題，才是唯識宗破我空、法空的立足點所在。從根本意義上說，廢名對唯識宗的瞭解只是取其對「種子義」的理解，即唯識宗對因果的定義。

（二）廢名對「種子」義的理解

廢名的《阿賴耶識論》只是對唯識宗有宗「種子義」的最簡單闡發。這與廢名具體的閱讀情況有關。廢名自述道：

> 讀《中論》最不能忘的是其泥中無瓶的話，覺得世間因果之說很無道理，說因就應有果，何世間的因與果沒有必然性呢？那麼因果二字只是普通的關係二字，便是熊先生所謂寬泛的說法。《中論》

〔註90〕廢名：《阿賴耶識論・種子義》，王風編《廢名集》，第 1889 頁。

的許多言語，其餘的話我懂得他說得圓，有時也能打動我的心，而最不能忘，令我深思的是破因果。〔註91〕

　　我讀書合於陶淵明好讀書不求甚解，我敢來講阿賴耶識，只讀了一部《瑜伽論》之後，而《瑜伽論》又未曾細讀。《成唯識論》雖也取在案前，只供翻閱，並不怎樣借助於他。因為我確實已懂得阿賴耶識了，天下道理本來是自己的，是簡單的，百姓日用而不知，知之又有什麼難呢？〔註92〕

從這兩段話可以得出兩個結論。一、廢名對唯識宗空宗《中論》的吸收在於從「泥中無瓶」得破世間的因果觀，因其無必然性。二、廢名並未仔細研讀唯識宗的經典理論，如《成唯識論》和《瑜伽論》，只是從自己的經驗感知來講自己對「種子義」的理解。所以在《阿賴耶識論》中會出現「致知在格物」這樣明顯的從標題上即可看出並非唯識宗思想系統的一章。廢名在《真如》一章中更將「阿賴耶識」和「真如」的關係類比為宋明理學中「私心」和「良心」的關係：

　　阿賴耶識斷，即種子心斷，於是心不是生起的心，不在因果之中，便是「真如」。那麼唯識的精義至此不已明白乎？始終是心這個東西，世界是它，佛亦是它，一個可以我們的私心比之，一個可以我們的良心比之，我們平常總是私心用事，良心發現時則私心無有。而我們的良心即聖賢的良心，這裡是沒有智愚賢不肖的區別的，正是孟子所謂性善，……佛說平等平等。由私心到良心，有什麼界限呢？只要私心滅，良心便發現了。那麼種子心斷便實證真如，有什麼不可信呢？〔註93〕

從學術角度說，這樣的比方是不恰當的。因為它們完全屬於兩個思維系統，阿賴耶識斷的含義與私心斷的含義也是根本不同的概念，而廢名將它們並列言之，更可以見出廢名對於思想的理解是取其大端近似而忽視其具體區別的。廢名對佛經的理解是從儒家的思維系統出發的。從廢名並未仔細梳理唯識宗的觀點可知，從廢名的《阿賴耶識論》只是論述了「種子義」最基本的含義可知。廢名說：

〔註91〕廢名：《阿賴耶識論・種子義》，王風編《廢名集》，第1890頁。
〔註92〕廢名：《阿賴耶識論・種子義》，王風編《廢名集》，第1891頁。
〔註93〕廢名：《阿賴耶識論・真如》，王風編《廢名集》，第1904～1905頁。

> 有宗說因緣，要「親辦自果」，親辦自果者，不如形之於影，水
> 之於波，此中因果不定，要如植物的種子，有種子之因即已決定有
> 其果。這個意思是最要緊的，我由空宗因果不定的啟示，到「親辦
> 自果」而圓滿，往下的話不過左右逢原耳。〔註94〕

讀者不禁要問，廢名的這種閱讀，真的能做到「往下的話不過左右逢原」嗎？
從上面的分析可以看出，答案是否定的。但這不是對於廢名理解的關鍵點，
關鍵點在於從這裡也可以看出唯識宗在廢名的思想資源中佔有一個什麼樣的
位置。廢名自己說：

> 我破進化論正是講阿賴耶識正是講輪迴。〔註95〕
>
> 佛教說因果就是說生死。〔註96〕

這些地方可以看出廢名關心的是生死問題，唯識宗有宗的「種子義」給了他
比較滿意的答案，他在這個基礎上繼續思考人生的種種意義，而他並未從涅
槃或者解脫的角度真正要遺世獨立。廢名對唯識宗的這種理解使得廢名始終
未與人生拉開距離。此外，廢名在作品中一再聲明他執著人生，所以他在佛
經中選擇了唯識有宗的見解。也正因為廢名對唯識宗思想體系的瞭解只限於
對「種子義」的最基本認識，所以廢名不可能像《成唯識論》那樣詳細地與
各種對世界我、法的觀點一一討論，也無法深入細緻地對唯識宗的次一級概
念作介紹和鑒別。因為廢名對佛教的理解是取其最感興趣的點，而非如佛門
弟子一樣要對經義有系統、體系性的瞭解和認識。這與廢名對儒家、道家思
想的理解和學習一樣，是取其有益於己的部分來吸取的。廢名從唯識宗所取
的，是對「因果的定義便是種子義」的理解和闡明，這是廢名建立起來的世
界觀，而歸根結底他是從程朱理學的思維系統去理解「種子義」的。也就是
說，廢名始終持一種忠於人生的態度，雖然他取用了唯識宗的一些概念。

〔註94〕廢名：《阿賴耶識論‧種子義》，王風編《廢名集》，第 1892 頁。
〔註95〕廢名：《阿賴耶識論‧序》，王風編《廢名集》，第 1841 頁。
〔註96〕廢名：《佛教有宗說因果》，《世間解》1947 年 10 月 15 日第 4 期。

第二章　廢名創作的思想特徵

　　本章在第一章的基礎上討論廢名的思想特徵。本章首先討論廢名創作的表徵方式，即廢名想描摹或言說的對象，往往不是他所直陳的對象，而是其所象徵的一個龐大的體系。廢名思維中幾個比較核心的意象所體現的象徵意義是：「影子」意象顯現出生死「相對」的態度，「鏡」、「墳」意象是「自我」的象徵，「葉子」象徵記憶和完整的生命，「燈」象徵智慧和光明。第二節在對廢名新詩和小說的解讀中，可以見出，廢名的寫作講求清晰的邏輯思路，他的新詩可以說是說理詩，他的小說有嚴格的前後呼應。通過從省略，解讀「表徵結構」，詩與散文的「隔」與「不隔」這幾個角度，可以發現廢名的作品其實並不「晦澀」。第三節集中討論廢名關注的愛情問題。廢名是從中西方文學差別，甚至是從中國文學的缺陷的角度去討論愛情問題的。廢名所思考的愛情結構中，琴子、細竹的主結構和狗姐姐、魚大姐的副結構的並存，體現出廢名同時在觀念和經驗世界這兩個層面上討論愛情問題。廢名得出的結論是，在愛情中爭搶的人的欲望和生物性的一面如果不加控制地表達出來，必定造成悲劇。廢名從愛情中解脫人我、生死，將女子的命運推到最悲觀的「尼庵」或「墳地」，提出「自己守自己的影兒」，從而提出了女子的個性和獨立的問題。

第一節　廢名創作的表徵方式

　　本節討論廢名創作的表徵方式。所謂表徵，指的是廢名寫小說也好，談新詩也罷，他想描摹或言說的那個對象，往往不是他所直陳的那個對象。廢

名之所以選擇某個事物來說，是看中了它身後所象徵的那個龐大的體系。

這個龐大的體系，有的是長期歷史發展而形成的文學資源。如廢名在《墓》中對春天景物的一段評論：

> 楊柳而外，山阿土坰，看得見桃杏開花，但這格外使人荒涼，
> 因爲，從我們來看，桃花總要流水，所謂花落水流紅，爲什麼在這
> 個不毛之地開得全無興會呢？〔註1〕

桃花是一定要流水相配，才能顯出精神的。這是由誰規定的呢？由文學傳統。從陶淵明《桃花源記》「夾岸數百步，芳草鮮美，落英繽紛」的描寫就可以找到這個最初的源頭。之後歷代詩人累積，如「花落水流紅」這樣的意象，使得桃花已不僅僅是一種五瓣花朵的植物，而是有著層累的意象和意義的龐大表徵體系。而廢名，最愛的就是這些物象背後的體系。

廢名曾借莫須有先生之口夫子自道說：「唉，我這個人如今簡直是個抽象的人，凡百事都是自己鬧得玩兒，自己拿了自己做材料，掉來掉去，全憑一隻手，……我告訴你，我是這樣的可憐，在夢裏頭見我的現實，我的現實則是一個夢。」〔註2〕何謂「抽象的人」，從廢名的創作看來，是廢名創作的觀念性很強。而這觀念性，首先表現在廢名對意象背後的象徵意義的強烈關注。由於這些意象象徵著一些比較大的觀念，所以引起了廢名的興趣，在作品中反覆地畫出這些意象。廢名自己還在《燈》這首詩中說：「世間的東西本來只有我能夠認」〔註3〕，什麼東西是只有廢名才能夠認的呢？正是廢名所寫的意象背後的象徵物。

以廢名在《莫須有先生坐飛機以後》中關於王姓祠堂的思考爲例。黃梅鄉間認爲王姓祠堂的「風水」不好，認爲它一建築起來就要「跑反」。莫須有先生不以爲然，而1937年後它被炸毀了。莫須有先生的感觸是：

> 孰知事隔三十年的今日，在暴日侵略中國的戰爭之中，王祠堂
> 已成灰燼了，莫須有先生在它面前走路，忽然之間彷彿在一個神的
> 身邊走路，叫莫須有先生記取他的預言了。這預言並不是說王祠堂
> 一建立起來天下就要大亂，而是預言世間總有戰爭，……莫須有先

〔註1〕廢名：《墓》，見《華北日報副刊》1930年1月16日第245號。
〔註2〕廢名：《莫須有先生傳·白丫頭唱個歌兒》，《駱駝草》1930年9月22日第20期。
〔註3〕廢名：《燈》，見《廢名集》，王風編，北京大學出版社2009年版，第1529頁。

生乃真有「破壞」的確切的意義了。……王祠堂將來還是要建立起
來，將來還是有戰爭的，王祠堂簡直是世間的命運了。〔註4〕

在王祠堂建築中和建成後，莫須有先生對它並沒有多麼留意。而王祠堂真正
觸動他，是他將它和世間的戰爭、「破壞」——世間的命運聯繫起來之後。這
些地方都體現出在廢名的思維結構中，象徵是非常重要的內容。本節力圖概
括出廢名思維中幾個比較核心和成系統的象徵結構，使得廢名的思想特徵得
以彰顯。

一、從「影子」意象看生死「相對」的態度

廢名在 30 年代大量作詩，特別是 1931 年作詩約 120 首。詩歌中廢名經
常寫到「影子」這個意象。這個意象是理解廢名思想的關鍵意象之一。

同時，廢名在 30 年代也大量創作小說，將他此時期的小說與新詩對讀，
是解釋廢名的一個可靠的手段。廢名在小說中也多處寫到影子，一處最明顯
的夫子自道見於發表在 1934 年的《橋》之「荷葉」一章：

細竹聽了他說鳥，自為遊戲，便蹲在地下畫了一個鳥兒，但她
只是出了一個鳥的樣子，等待她的口邊輕描淡寫的吐露幾句佳言，
卻完全道得小林的靈魂了，她說：

「我看你這鳥兒還不算奇，你這鳥林卻太好了，你的竹影比竹
子還要好看——我這話說錯了，你的竹子其實是望了這個影子說，
你所說的紅紅綠綠都是好看的影子。」〔註5〕

廢名在這段話裏不惜留下讓人追蹤的痕跡——「完全道得小林的靈魂了」，因
為小林這個人物形象是廢名在小說中的代言。為什麼廢名的「竹影比竹子好
看」、「竹子其實是望了這個影子說」、「紅紅綠綠都是好看的影子」？這可以
聯繫廢名的新詩來理解。

廢名 1937 年發表《星》一詩：

滿天的星
顆顆說是永遠的春花
東牆上海棠花影

〔註4〕廢名：《莫須有先生坐飛機以後・這一章說到寫春聯》，《文學雜誌》1948 年 6
　　　月 1 日第 3 卷第 1 期。
〔註5〕廢名：《橋》，《廢名集》，第 607～608 頁。

> 簇簇說是永遠的秋月。
>
> 清晨醒來是冬夜夢中的事了。
>
> 昨夜夜半的星，
>
> 清潔眞如明麗的網，
>
> 疏而不失，
>
> 春花秋月也都是的，
>
> 子非魚安知魚。〔註6〕

這首詩給人繁華滿眼的感覺。廢名先寫「東牆上海棠花影，簇簇說是永遠的秋月」，接著又寫「春花秋月也都是的」，這裡給讀者一個強烈的暗示，廢名並沒有只把海棠花影簡單地看成光線下的影子；他從海棠花的影子裏，看到了秋天，看到了秋天的月亮，並且在詩歌末尾直接把「秋月」作爲「也都是的」的實體意象拿了出來，暗示在更高一層的象徵結構中，「春花秋月」也如「東牆上海棠花影」一樣是「影子」。這可以說明一點，影子在廢名那裡，是可以離開實體而存在的；或者說，影子本身可以成爲一個獨立存在的實體。

爲什麼會是這樣呢？或者說，這樣可能嗎？繼續看廢名其他的詩歌。廢名的《十二月十九夜》中說「思想是一個美人， ／是家， ／是日， ／是月， ／是燈， ／是爐火， ／爐火是牆上的樹影，是冬夜的聲音」〔註7〕，廢名這裡寫的很多意象，表現的都是一個光明的光源的意思，他想說思想有照亮的作用。這一長串隱喻中，較有跳躍性的轉接是這句「爐火是牆上的樹影」。爐火作爲光源，明了牆上的樹影。而正如一面旗的招展可以顯出風的形狀，牆上的樹影顯出了爐火的形狀。這裡立刻讓人聯想到本體與表象的關係。這就是「影子」的深意所在。

廢名此時受佛教的影響很大，正如《金剛經》所述：「一切有爲法，如夢幻泡影，如露亦如電，應做如是觀。」在廢名看來，人生也正如彼岸永恆的一個影子。而廢名一直以來都採取嚮往彼岸同時忠於人生的態度。這可以在他的其他詩歌，以及詩歌評論中看出：

1931 年廢名在《琴》中寫道：

> 我是一個貪看顏色的人，
>
> 所以我成了一個盲人，

〔註 6〕廢名：《星》，《廢名集》，第 1584 頁。
〔註 7〕廢名：《十二月十九夜》，《廢名集》，第 1585 頁。

向來我笑人說花作影，

花爲什麼看他的影子，

我以爲那一定是一個盲人，

如今我是一個盲人，

我的世界沒有影子，

一切的顏色是我的涅槃，

天上我曉得有星，

黑夜不如我的光明，

我的世界沒有生生死死，

我求我的夜借我一張琴，

彈一曲五色之哀音。〔註8〕

這首詩將影子與實體的關係寫得十分明顯。「我是一個貪看顏色的人，所以我成了一個盲人」，這一句從「五色令人目盲」的意思出發，上昇到說執著於表象，便會忽略真實存在。「向來我笑人說花作影，花爲什麼看他的影子，我以爲那一定是一個盲人」寫的是對「影子」的重要性不理解的意思。「如今我是一個盲人，我的世界沒有影子」可以作兩種解讀：一是真的成了一個盲人，看不到表象世界花花綠綠的「影子」了；二是一種比喻性的說法，形容不看「影子」的我，反而類似一個盲人。我認爲以第二種意思爲好。因爲整首詩是一個類似隱喻的整體，不太可能在一個局部實指變成盲人。「一切的顏色是我的涅槃」，這句話把之前對於「影子」爲代表的表象世界的不理解都扭轉過來了：只有在「一切的顏色」中實現涅槃。「天上我曉得有星，黑夜不如我的光明」，這句我是這麼解讀的：因爲「曉得」天上有星（「星」也是一種發光的物體），這種「知道」的思想的力量就是光明，所以即使是在夜裏，黑夜不及我穿透黑暗的這種光明了。這裡的黑夜，比喻的是在沒有領會到「盲」與「不盲」的相對關係前的一種無明狀態。那麼，「我的世界沒有生生死死」，便是涅槃之後的狀態。「我求我的夜借我一張琴，彈一曲五色之哀音」，「夜」是黑暗的一個代名詞，而「借我一張琴」是仿了江淹那支夜夢中得來的五色筆的典故，「彈一曲五色之哀音」是指涅槃之後，真的沒有顏色了，是可哀的。所以，廢名是愛戀顏色、貪看顏色的，「影子」對於他不是涅槃之後要丟棄的

〔註 8〕廢名：《琴》，《廢名集》，第 1518 頁。

東西，而是他心心念念要歌唱的東西。所以，「影子」的意象是理解廢名這一套思想系統的一把鑰匙。

廢名在 1948 年發表的《談新詩‧關於我自己的一章》中，對《掐花》一詩「我害怕我將是一個仙人，大概就跳在水裏淹死了」這句作了這樣的分析：「詩的動機是我忽然覺得我對於生活太認真了，爲什麼這樣認真呢？大可不必，於是彷彿要做一個餐霞之客，飲露之士，心猿意馬一跑跑到桃花源去掐一朵花吃了。糟糕，這一來豈不成了仙人嗎？我真有些害怕，因爲我確是忠於人生的，這樣大概就跳到水裏淹死了，只是這個水不浮屍首，自己躲在那裡很是美麗。」〔註9〕這裡，廢名直陳了他忠於人生的傾向。廢名在《蓮花》一詩中說：「神仙乞露效貧兒，余將死而忠於人生。」〔註10〕「將死而忠於人生」明確提出了他對人生的依戀。此外，廢名讚歎李商隱寫神仙寫得富有人情，在分析李商隱「聞道神仙有才子，赤簫吹罷好相攜」的詩句時也讚歎道：「見他的個性，他要說神仙也有才子，若他人說便說某人是謫仙了。」〔註11〕這些地方都明顯體現出廢名對現實人生的關注，這也就解釋了廢名愛寫「影子」的原因。影子不只是實體的附屬，影子有自己獨立存在的價值。寫事物的影子，與受佛教影響漸深的廢名寫人生，這二者在邏輯上是同構的。「影子」是廢名對人生的理解之一。

正因爲「影子」與本體一樣重要，所以「生」與「死」便成爲相對的存在。在廢名的邏輯結構裏，並不是「生」之後就要進入輪迴，而是「生」與「死」可以相對嬉戲，這裡背後的邏輯結構是莊子《養生主》中的蝴蝶夢：

> 昔者莊周夢爲胡蝶，栩栩然胡蝶也，自喻適志與！不知周也。
> 俄然覺，則蘧蘧然周也。不知周之夢爲胡蝶與，胡蝶之夢爲周與？
> 周與胡蝶，則必有分矣。此之謂「物化」。〔註12〕

夢境區分了莊周與蝴蝶。在莊子「齊物論」的框架下，莊周與蝴蝶是平等地互相對待而存在的，不存在一個「真」、另一個「假」的問題。廢名的詩歌中，「生」與「死」也是以這樣的狀態存在的，而啓發他思考的，與莊子一樣，是「夢」與「醒」的關係。

〔註 9〕廢名：《談新詩》，《廢名集》，第 1825～1826 頁。

〔註10〕廢名：《蓮花》，《廢名集》，第 1563 頁。

〔註11〕廢名：《談新詩》，《廢名集》，第 1644 頁。

〔註12〕莊子：《齊物論》，陳鼓應注譯：《莊子今注今譯》，中華書局 1983 年版，第 92 頁。

廢名在這個詩題上寫了很多首相關聯的詩。

如《墳》：

我的墳上明明是我的鬼燈，

催太陽去看為人間之一朵鮮花。〔註13〕

如《栽花》：

我夢見我跑到地獄之門栽一朵花，

回到人間來看是一盞鬼火。〔註14〕

第一首詩講的是「死」與「生」的關係。「死」的視角中，墳上的鬼燈，用「生」的視角看，是鮮花。第二首詩將「夢」與「醒」、「死」與「生」結合在一起。「夢」＋「死」的視角中的花，用「醒」＋「生」的視角看，是鬼火。其實，「鬼燈」或者「鬼火」，也是屬於「死」的意象；「花」是屬於「生」的意象。廢名討論這三者的組合關係時，已經是一個立體的表格才能反映出的形象了。如果將「夢」、「死」、「鬼火」看成負意象，將「醒」、「生」、「花」看成正意象，那麼，第一首詩可以寫成公式：負＋負＝正＋正；而第二首詩的公式是：負＋負＋正＝正＋正＋負。將三對關係中每個元素替換成與它形成對照的元素，等式依然成立。

廢名的《墓》將這一層意思說得更明白：

吁嗟乎人生，

吁嗟乎人生，

花不以夜而為影，

影不以花而為明，——

吁嗟乎人生，

吁嗟乎人生，

人生直以夢而長存，

人生其如墓何。〔註15〕

這首詩完整清晰地說明了廢名的「影子」意象對廢名生死觀的重要影響。「花不以夜而為影，影不以花而為明」這一句，廢名想說明「花」與「影」不是主體與其表現的關係、不是主次關係，而是相對獨立存在的關係。所以他在詩歌開頭和中間部分4次吁嗟「吁嗟乎人生」，廢名正是從「花」與「影」的

〔註13〕廢名：《墳》，《廢名集》，第1524頁。

〔註14〕廢名：《栽花》，《廢名集》，第1523頁。

〔註15〕廢名：《墓》，《廢名集》，第1546頁。

關係意義上去解讀人生的含義。所以他說「人生直以夢而長存」，人生是夢幻泡影，所以「人生其如墓何」。這裡，墓是「夢」的一個對應物，廢名借「死」與「夢」說明人生的虛幻性，但他嗟歎久之，而且在「影不以花而爲明」一句提出了自己的另一種對「生」、「死」問題的看法。所以這首詩在邏輯上是存在著矛盾的裂隙的。

廢名在《朝陽》中也寫過：

> 夢裏醒來，
>
> 看見窗上一窗日頭，
>
> 於是我覺著我憔悴，
>
> 我的朝陽好似一窗月亮。
>
> 於是我嫣然一笑，
>
> 我又把他畫作朝陽了。〔註16〕

這首詩中，廢名在「夢」與「醒」、朝陽與月亮這兩對關係上，建立起與莊子相同的結構。他的《畫》中也有類似的結構：「我不能畫一幅畫同夢一樣，／因爲我想世上沒有那個顏色呀，／只有太陽畫出明日的山水來，」〔註17〕這裡，「太陽畫出明日的山水」可以理解爲一個隱喻，但是其背後的邏輯結構與之前的幾首詩也都是相同的，即廢名夢中畫東西，與太陽畫出山水來，這在本質意義上是一樣的。這是廢名在新詩中反覆申說的事實。

最後看廢名《空華》：

> 我含著淚栽一朵空華，
>
> 我還望空觀照我一生，
>
> 死神因我的瞑目端去我的花盆，
>
> 愛神也打開他的眼睛
>
> 其新鮮茂盛
>
> 覓不見一點傷痕，
>
> 於是因了我的空華，
>
> 生爲死之遊戲，
>
> 愛畫夢之光陰。〔註18〕

〔註16〕 廢名：《朝陽》，《廢名集》，第 1556 頁。
〔註17〕 廢名：《畫》，《廢名集》，第 1538 頁。
〔註18〕 廢名：《空華》，《廢名集》，第 1536 頁。

這個「空華」符合廢名對「人生直以夢而長存」的理解——栽的花只能是空的。「我的花盆」裏有空華，它就是廢名自己，這裡指的正是廢名的自我。花盆裏是空華，而其「新鮮茂盛，覓不見一點傷痕」，可見廢名對自己孜孜追求的東西、自己的核心是如何小心保護、愛護。廢名栽這「空華」的過程，也是他「畫夢」的過程，所以「生爲死之遊戲」，他愛他栽這空華、也就是「畫夢」的光陰。

廢名在《莫須有先生坐飛機以後》中有一段更明確的說明：

> 他常說，「人生如夢」，不是說人生如夢一樣是假的，是說人生如夢一樣是眞的，正如深山迴響同你親口說話的聲音一樣是物理學的眞實。鏡花水月你以爲是假的，其實鏡花水月同你拿來有功用的火一樣是光學上的焦點，爲什麼是假的呢？你認火是眞的，故鏡花水月是眞的。……世人「生」的觀念是「形」的觀念。「形」滅而「心」不能說是沒有。「心」不能說是沒有，正如「夢」不能說是沒有，「夢」只是沒有「形」而已。那麼「死」亦只是沒有「形」而已。據莫須有先生的經驗，學問之道最難的是知有心而不執著物。知有心便知死生是一物，這個物便是心。於是生的道理就是死的道理，而生的事實異於死的事實，正如夢的事實異於覺，而夢是事實。〔註19〕

廢名借莫須有先生之口將他的「夢」的意思更推進了一步。由於人有意識，所以在意識的層面上，「夢」與「覺」都是事實。「夢」與「覺」，「影子」與實物，在根本上是同一的。

從這些地方我們可以得出結論，廢名的「影子」意象關乎他對人生與存在的理解。這一想法雖然從佛經中得到啓示，但廢名對人間的執著使得他並未完全接受佛教的生死觀。廢名從莊子思想中擷取了「生」「死」相對的態度，將其與佛經中人生如夢的觀點結合，使得他的生死觀呈現出「生」「死」平等、相對存在的狀態。

二、從「鏡」、「墳」意象看「自我」

（一）「鏡」的意象：自我意識的象徵

廢名1931年大量作詩，5月成《鏡》，計40首。可見「鏡」的意象在廢名創作中的重要地位。廢名在《無題》中寫道：

〔註19〕廢名：《莫須有先生坐飛機以後‧莫須有先生教國語》，《文學雜誌》1947年12月1日第2卷第7期。

對著鏡子

忽然起殺像之意，——

我還是聽人生之呼喚

讓他是一個空鏡子。〔註20〕

鏡子裏的自己是自己的一個像。爲何起殺像之意？廢名自己在解釋另一首新詩《妝臺》時說：「奇怪在作詩時只注意到照鏡子時應該有一個美字。」〔註21〕只有嫌自己長得不好看，才會有「殺像之意」。這當然也包含有對自己不滿，對人生厭倦，但「我還是聽人生之呼喚」，仍然是忠於人生。那「空鏡子」怎麼解？可以有兩種理解。第一種，這裡的鏡子就是實指那一面鏡子，所以「讓他是一個空鏡子」就是我不再在鏡子前照像了。第二種理解，這裡的「鏡子」已經轉化成自我了。禪宗說「菩提本非樹，明鏡亦非臺。本來無一物，何處惹塵埃」，鏡可以作爲自我意識的象徵，因此成爲自我的象徵。這樣，「讓他是一個空鏡子」就是指讓自己的自我意識空澈澄明。

在《鏡》集中題名爲《鏡》的一首詩如下：

我騎著將軍之戰馬誤入桃花源，

溪女洗花染白雲，

我驚於這是那裡這一面好明鏡？

停馬更驚我的馬影靜，

女兒善看這一匹馬好看，

馬上之人

喚起一生

汗流淶背，

馬雖無罪亦殺人，——

自從夢中我拾得一面好明鏡，

如今我才曉得我是眞有一副大無畏精神，

我微笑我不能將此鏡贈彼女兒，

常常一個人在這裡頭見伊的明淨。〔註22〕

〔註20〕廢名：《華北日報‧文藝周刊》1934 年 4 月 23 日第 4 期。

〔註21〕廢名：《談新詩‧關於我自己的一章》，《天津民國日報‧文藝》1948 年 4 月 5 日第 120 期。

〔註22〕廢名：《鏡》，《華北日報‧文藝周刊》1934 年 5 月 7 日第 6 期。

這首詩裏明顯有施蟄存《將軍底頭》的故事的背景。一開始，「我」是騎著「將軍之戰馬」，這種身份卻「誤入桃花源」，見到「洗花染白雲」的純潔的溪女，於是「我」驚於這一面明鏡。於是看到自己作為將軍殺人的本質，於是汗流浹背，連戰馬也算是殺了人。到這裡，詩空了一行。後面寫的應是夢醒時的景況。夢裏是對自己一生道德的反省。於是拾得這一面明鏡（也是對自我的觀照）之後，「我」便有了大無畏的精神。但這個新生成的「自我」確是不能寄給女兒的，所以我仍然收藏了。「常常一個人在這裡頭見伊的明淨」，是「我」的自我收藏了那明淨的洗花染白雲的女子。而「自我」不能寄的緣由，在下節關於「墳」意象的分析中有更明晰的體現。

　　廢名有名的《妝臺》詩：

　　　　因為夢裏夢見我是個鏡子，

　　　　沉在海裏他將也是個鏡子，

　　　　一位女郎拾去

　　　　她將放上她的妝臺。

　　　　因為此地是妝臺，

　　　　不可有悲哀。〔註23〕

廢名自己對這首詩的解釋是：「當時我忽然有一個感覺，我確實是一個鏡子，而且不惜於投海，那麼投了海鏡子是不會淹死的，正好給一女郎拾去。……『因為此地是妝臺，不可有悲哀』，本是我寫《橋》時的哲學，女子是不可以哭的，哭便不好看，只有小孩子哭很有趣。所以本意在妝臺上只注重在一個『美』字，……我自己如今讀之，彷彿也只是感得『此地有妝臺，不可有悲哀』之悲哀了。其所以悲哀之故，彷彿女郎不認得這鏡子是誰似的。」〔註24〕廢名的這段解釋，把「鏡」的象徵意象說得十分突出。這個鏡子正是廢名自我的象徵，所以他才會有女郎不識得這個鏡子是誰的悲哀。

　　廢名還有另外幾首鏡詩，如1931年5月16日創作的《無題》：

　　　　在赴死之前

　　　　得到解脫，

　　　　於是世間是時間，

〔註23〕廢名：《妝臺》，《文學季刊》1934年1月1日創刊號。

〔註24〕廢名：《談新詩·關於我自己的一章》，《天津民國日報·文藝》1948年4月5日第120期。

時間如明鏡，

微笑死生。〔註25〕

廢名在這首詩裏，表達了一種類似悟道的喜悅。由於是生活著而得到解脫，於是世間的時間（生命）便如可以觀照的明鏡一樣，可以洞視而微笑死生了。這裡的明鏡正是自我智慧的象徵。廢名在同一天寫的另兩首詩一爲《自惜》：「如今我是在一個鏡裏偷生，／我不能道其所以然，／自惜其情，／自喜其明淨。」〔註26〕另一爲《鏡銘》：「我還懷一個有用之情，／因爲我明淨，／我不見不淨，／但我還是沉默，／我惕於我有垢塵。」〔註27〕5月17日廢名又寫了一首詩《沉埋》：「我不願我的鏡子沉埋，／於是我想我自己沉埋，／我望著鏡子一笑，／我想我是一淚。」〔註28〕可以看出，前兩首詩中寫的是鏡的明淨，後一首詩寫的是我要護持自己的鏡，寧願自己「沉埋」也不要鏡子「沉埋」。前兩首詩中，鏡是自我的象徵，它是情，是智慧的明淨。「在一個鏡裏偷生」指的是在鏡子裏才是「生」的狀態。第三首詩中的「沉埋」該怎麼理解？鏡子的沉埋，象徵智慧和操守的放棄。而不願鏡子沉埋、寧願自己沉埋，可以看作一種在現實人生中的姿態。所以鏡子是最可寶貴的「自我」的象徵。

（二）「墳」的意象：自我的象徵

廢名在小說和詩歌中經常寫到「墳」的意象。廢名筆下的「墳」有兩種，一是自己的墳，一是絕代佳人的墳。這兩種「墳」，都可以看成墳之主人的象徵。而關於絕代佳人的「墳」，由於牽涉到廢名對女子世界的關注，所以將在本章第三節和第三章中詳細論述。本節主要討論廢名筆下關於自己的「墳」。

廢名在《新詩講義——關於我自己的一章》中舉出了《小園》一詩：

我靠我的小園一角載了一株花，

花兒長得我心愛了。

我欣然有寄伊之情，

我哀於這不可寄，

〔註25〕廢名：《無題》，《廢名集》，第 1550 頁。
〔註26〕廢名：《自惜》，《廢名集》，第 1551 頁。
〔註27〕廢名：《鏡銘》，《廢名集》，第 1552 頁。
〔註28〕廢名：《沉埋》，《廢名集》，第 1562 頁。

　　我連我這花的名兒也不可說，──

　　難道是我的墳麼？〔註29〕

廢名在他的《新詩講義》中講明了他做這首詩的原由：情人想寄給愛人一件不可寄的東西，只有自己的墳是眞不可寄。「我當時寫它，只覺得它寫得很巧妙，『小園』這個題目也很有趣，這裡面栽了有花，而花的名兒就是自己的墳，卻是想寄出去，情人怎麼忍看這株花呢，忠實的墳呢？」廢名將話講得曲折，但這其中的邏輯思路其實很清晰：「我的小園」就是自己的一個象徵，栽的這株花是自我的象徵，自己知道自己很美好，於是想把它寄給愛人。但是自我怎麼寄給愛人呢？所以不可寄。在日常的意義上，墳是人死之後掩埋身體的東西。那是每個人自己的東西，因此可以成爲自我的象徵。其實在象徵的層面上，這個花和這個墳，因爲是自我，這兩個東西都是不可寄的；但在日常層面上，花可寄，墳不可寄。所以這首《小園》最後一定落在墳上，因爲這是無法寄的自我。廢名說，「想寄而不可寄才有趣」。

　　廢名另有一詩《玩具》，說的也是這個意思：

　　我帶一件玩具去求見一位女郎，

　　路上我遇見上帝，

　　看護一隻羔羊，

　　我知道這是天上，

　　上帝爲什麼指手，

　　我想這大概是指點我，

　　我看見地下一座墳墓，

　　草色芊芊墓正圓

　　人間從天上看是一塊草田，

　　我一句話也沒說，

　　我把我的禮物交給上帝，

　　醒來了我做了一場夢，

　　我信託我的禮物它不是空的。〔註30〕

有了《小園》作底子，這首詩的意思清晰可辨。這裡的「玩具」，就是《小園》

〔註29〕廢名：《談新詩‧關於我自己的一章》，《天津民國日報‧文藝》1948年4月5日第120期。

〔註30〕廢名：《玩具》，《華北日報‧文藝周刊》1934年4月16日第3期。

中的「花」或者說「墳」。上帝看護的羔羊，可以是我，也可以是她。我從天上看到下界，看到自己的墳。知道這個玩具不可寄。於是「我一句話也沒說，我把我的禮物交給上帝」，而且廢名把這個意思放到夢的背景下：「醒來了我做了一場夢。」為什麼「我信託我的禮物它不是空的」？因為這個禮物是自己，是「自我」，雖然不可寄，但我自己清晰地知道。所以看廢名的詩，完全不要執著他所用的那些詞，「墳」與「玩具」，是完全等價的東西，因為它們都象徵自我。所以，只要讀出它們背後的那個象徵，就可以把握廢名的思想特徵，是所謂「得象忘意」、「得意忘言」。

廢名自己也申述了這個意思：「我現在以一個批評家的眼光來分析，前一首《妝臺》裏面的鏡子，與這一首《小園》裏面的墳都是一個東西。這兩首詩都是很有特別（按：原文如此）的情詩。不但就一首說是完全的，就兩首說也是完全的。這就是說，我的詩是整個的。」〔註31〕這同一個東西，就是自我。廢名這裡說的「完全」，在下一節「從『葉子』意象看完整的生命」將詳細討論。

三、從「葉子」意象看完整的生命

廢名在多處地方提到他愛樹和樹葉。他在《陶淵明愛樹》等文章中說明陶淵明愛樹蔭的心理：「他大約是對於樹陰涼兒很有好感，自己又孤獨慣了，一旦走到大樹陰下，遇涼風暫至，不覺景與罔兩俱無，惟有樹影在地。……所以文章雖然那麼做，悲高樹之多蔭，實乃愛樹蔭之心理。」〔註32〕說著陶淵明，其實也是他自己愛樹蔭的表現。而樹上的樹葉也是廢名心愛的對象，在廢名的思想中，樹葉象徵著完整的生命。

（一）「葉子」象徵記憶和生命

廢名在小說和散文中多次提到喜歡揀柴火這件事：「照莫須有先生的心理解釋，揀柴便是天才的表現，便是創作，清風明月，春華秋實，都在這些枯柴上面拾起來了，所以燒著便是美麗的火，象徵著生命。」〔註33〕這個意思，廢名在《樹與柴火》中表達得更詳細清晰：

〔註31〕廢名：《談新詩·關於我自己的一章》，《天津民國日報·文藝》1948 年 4 月 5 日第 120 期。

〔註32〕廢名：《陶淵明愛樹》，《世界日報·明珠》1936 年 10 月 20 日第 20 期。

〔註33〕廢名：《莫須有先生坐飛機以後·莫須有先生動手著論》，《文學雜誌》1948 年 11 月 1 日第 3 卷第 6 期。

　　　　我覺得春天沒有冬日的樹林那麼的繁華，我彷彿一枚一枚的葉
　　子都是一個一個的生命了。冬日的落葉，乃是生之跳舞，在春天裏，
　　我固然喜歡看樹葉子，但在冬天裏我才真是樹葉子的情人似的。……
　　現在我想，人類有記憶，記憶之美，應莫如柴火。春華秋實都到那
　　（按：原文如此）裏去了？所以我們看著火，應該是看春花，看夏
　　葉，昨夜星辰，今朝露水，都是火之生平了。終於又是虛空，因為
　　火燒了則無有也。莊周則曰，「火傳也，不知其盡也。」〔註34〕

這段文字透露了很多信息。廢名不惜將春天的樹葉與冬天的樹葉對比，而聲
明他愛冬天的樹葉，這裡鮮明地體現出廢名思維的象徵結構。冬天的樹葉是
經過了春花夏葉的生命。其次，廢名說「記憶之美，應莫如柴火」，廢名又從
記憶的角度去理解冬天樹林裏的樹葉。作為「冬天樹葉子的情人」，他愛的是
樹葉子所象徵的記憶，如人的記憶一般所經過的所有轉變，或者叫生平。同
時，樹葉變成柴火，柴火會燒盡，但薪盡火傳、不知其盡。這裡可以看出廢
名是傾向於積極建設的思路，虛空而有傳，這正是記憶在人生命中的重要意
義。

　　廢名在《談新詩・已往的詩文學與新詩》中，為說明李商隱詩「情思殊佳，
感覺亦美」，曾引用李商隱《題僧壁》一詩的末四句「蚌胎未滿思新桂，琥珀
初成憶舊松，若信貝多真實語，三生同聽一樓鐘」〔註35〕。李商隱的這首詩，
說的正是前世今生的變化：月亮還未變圓時，預想自己變圓之後（象徵來生）
的新形象；琥珀方成之後，回憶自己前生的松樹形象……廢名這裡並未細緻分
析李商隱這首詩，但讀者可以感覺到，李商隱這裡寫的記憶，是前世今生中不
變的東西。這個象徵意味被廢名選取到他的冬天的樹葉的意象裏了。之前的春
花、夏葉、夜星、朝露，都是火的生平，而火燒了之後，薪盡而火可以傳。廢
名正是在象徵的深刻意義上愛好樹葉，特別是冬天的樹葉的。

　　這個意思，廢名在短篇小說《審判》中也表達過：

　　　　好比這春天的樹，你看它綠得茂盛罷，但去年冬天括（按：原
　　文如此）大風下大雪時候的樹，切不要忽略看過，缺少了那一天，
　　甚至缺少了那一刻，也許它現在不能夠這麼綠。〔註36〕

〔註34〕廢名：《樹與柴火》，《平明日報・星期藝文》1946年12月29日創刊號。
〔註35〕廢名：《談新詩・已往的詩文學與新詩》，《廢名集》，第1643頁。
〔註36〕廢名：《審判》，《語絲》1927年4月16日第127期。

之前的一切鑄成了現在的生命，廢名正是從記憶和生命的角度看取樹葉的。

（二）「葉子」象徵完整的生命

「葉子」一方面象徵記憶和生命，另一方面象徵生命的完整性。

廢名在《談新詩・已往的詩文學與新詩》中曾用「整個的想像」、「完全的東西」來評價和形容溫庭筠的詞：

> 溫庭筠的詞不能說是情生文文生情的，他是整個的想像，大凡自由的表現，正是表現著一個完全的東西。好比一座雕刻，在雕刻家沒有下手的時候，這個藝術的生命便已完全了，這個生命的製造卻又是一個神秘的開始，即所謂自由，這裡不是一個醞釀，這裡乃是一個開始，一開始便已是必然了，於是在我們鑒賞這一件藝術品的時候我們只有點頭，彷彿這件藝術品是生成如此的。這同行雲流水不一樣，行雲流水乃是隨處糾葛，他是不自由，他的不自由乃是生長，乃是自由。〔註37〕

廢名這段話裏分析了兩種文章的模式，一種是未下筆即是完成的，另一種是情生文文生情的（他比作行雲流水）。他想說明的是藝術創作的心理。即廢名認爲自由的表現，是在於在藝術家還沒有眞正下筆創造之前，這個藝術的生命已經在藝術家的意識中完成了，是一個完整的、完全的東西。當藝術家下筆時，是一個把意識中整個的想像、完全的東西移到現實中的過程。這個過程，一開始即已經是必然。這裡廢名讚賞的「完全的東西」，就是他後來用葉子來象徵的東西。

廢名對自己寫詩的體認也是從這個角度說的：「他們（按：指卞之琳、林庚、馮至等詩人）的詩都寫得很好，我是萬不能及的，但我的詩也有他們所不能及的地方，即我的詩是天然的，是偶然的，是整個的不是零星的，不寫而還是詩的。他們則是詩人寫詩，以詩爲事業，正如我寫小說。」〔註38〕廢名認爲自己的詩是「天然的」、「偶然的」、「整個的」、「不寫而還是詩的」，正是從他分析溫庭筠詞的這個意思上立論的。下面就分析廢名是如何通過樹葉來象徵這個完整的生命的。

廢名的《寄之琳》一詩這樣寫道：

〔註37〕廢名：《談新詩・已往的詩文學與新詩》，《廢名集》，第 1635 頁。
〔註38〕廢名：《談新詩・關於我自己的一章》，《天津民國日報・文藝》1948 年 4 月 5 日第 120 期。

我說給江南詩人寫一封信去，

乃窺見院子裏一株樹葉的疏影，

他們寫了日午一封信。

我想寫一首詩，

猶如日，猶如月，

猶如午陰，

猶如無邊落木蕭蕭下，——

我的詩情沒有兩個葉子。〔註39〕

廢名想寫一封信給身處江南的卞之琳，他提筆時窺見院子裏一株樹葉的樹影。他不說「一株樹的疏影」而說「一株樹葉的疏影」，因爲他把整株樹看作一片樹葉！廢名說樹葉的影子好像替他寫了中午的一封信。於是廢名想寫詩，這詩如同日月寫下的午陰，樹影婆娑，有「無邊落木蕭蕭下」的感覺，但爲什麼「我的詩情沒有兩個葉子」？正如前面分析的，一方面，廢名的詩情是整個的、完全的；另一方面，廢名把整株樹看作一片葉子，他的詩情是這片葉子寫的，所以他的詩情沒有兩個葉子。除了這個完整的詩情、除了這片完整的樹葉，到哪裏去找另外的詩情、另外的樹葉呢？所以這是廢名對葉子寄託的象徵意義：象徵一個完整的生命。

這層意思，廢名在《梧桐》中表達得更加明確：

我望著我的梧桐好一顆大葉兒，

於是我彷彿想到一個仙人，

我的這個仙人就好像一株樹，

一顆葉兒一顆露水。〔註40〕

我的梧桐是「好一顆大葉兒」，明顯可以看出廢名的意圖：一棵樹就是一個葉子，而且這裡他用的量詞是「一顆」，這是爲下面的「露水」鋪墊的。而「彷彿想到一個仙人」，聯繫到露水，有「仙人承露盤」的典故的想像在，但同時廢名也是在表達「我的梧桐這一顆葉兒是一個完整的生命存在」這樣一個意思。所以緊接著，廢名的比方就是：這個仙人既是一株樹，又是一顆葉兒、一顆露水。

廢名的《路上》表達了相似的意思：

〔註39〕廢名：《寄之琳》，《新詩》1937 年 7 月 10 日第 2 卷第 3、4 期。

〔註40〕廢名：《梧桐》，《華北日報・文藝週刊》1934 年 5 月 14 日第 7 期。

　　　　路上我看見一個好樹影，

　　　　我想我打一把傘，

　　　　我畫它為一生，

　　　　我不曉得菩提樹影怎麼樣，

　　　　我想我是一把蓮葉傘，

　　　　我想蓮葉是花之影。〔註41〕

一個好樹影讓廢名想到一把傘、一生。他緊接著想到釋迦牟尼悟道的那個菩提樹影。然後把自己想像成一把蓮葉的傘，並想像這把蓮葉傘是蓮花的影。從一個好樹影（樹影是整體的「一個」）到一把蓮葉傘，在這片蓮葉裏，廢名寄託了完整的一生的意思。

　　廢名在《橋》的下卷，也讓他最偏愛的細竹表達了對葉子這個象徵意義的喜愛：

　　　　我告訴你一件事，昨天夜裏我做了一個夢，夢見許多樹葉子，

　　我再看好像是紅葉，後來果然是紅葉子，而且只看見一個。

　　　　……

　　　　我做女孩子的時候，冬天裏喜歡在樹林裏替人家掃樹葉子，因

　　為有些窮人家小孩子掃落葉拿回去做柴燒，有時在樹林裏我拾得一

　　根枯枝，我高興極了，真是比摘一枝花還喜歡，我就給他們，我還

　　記得那時我自己想我就做樹葉子罷，比做什麼都喜歡，真奇怪，為

　　什麼那麼喜歡，除非世上有那麼可愛的靈魂可以與那相比，難怪昨

　　天夜裏做夢。〔註42〕

「奇怪，為什麼那麼喜歡」的答案，廢名已經在其他地方告訴讀者了。細竹更愛枯枝而不愛花的原因也很清晰了。細竹自己想做樹葉子，因為這是世上最可愛的靈魂，所以夢裏她看見紅葉，而且只看見一個。這裡的一個紅葉，是細竹靈魂的象徵，是一個完整的生命、完全的藝術品。因此，在廢名創作的意象中，樹葉不僅象徵著記憶和生命，還象徵著生命的完整性、藝術品的完全性。這是廢名如此寶愛他的樹葉的原因。

〔註41〕廢名：《路上》，《華北日報·文藝周刊》1934 年 4 月 2 日創刊號。
〔註42〕廢名：《橋（下卷）·螢火》，《文學雜誌》1937 年 7 月 1 日第 1 卷第 3 期。

四、從「燈」意象看智慧及光明

　　「燈」在佛教典籍中就是「智慧」、「光明」的意思，在廢名關於「燈」的意象中，看它顯示的對「光明」的理解。

　　廢名在《燈》中有這樣的句子：

　　　自從有一天，
　　　是一個朝晨，
　　　伊正在那裡照鏡，
　　　我本是遊戲，
　　　向窗中覷了這一位女子，
　　　我卻就在那個妝臺上
　　　彷彿我今天才認見靈魂，
　　　世間的東西本來只有我能夠認，
　　　我一點也不是遊戲，
　　　一個人我又走了回來，
　　　我的掌上捧了一顆光明，
　　　我想不到這個光明又給了我一個黑暗，——
　　　從此我才忠實於人間的光陰，
　　　我看守著夜，
　　　看守著夜我把我的四壁也點了一盞燈，
　　　我越看越認它不是我的光明，
　　　我的光明那（按：原文如此）裏是這深山裏一隻孤影？
　　　我卻沒有意思把我的燈再吹滅了，
　　　我彷彿那一來我將害怕了。〔註43〕

廢名這首詩在否定的意義上論證了「燈」的象徵意味：智慧／光明。同時這個光明和黑暗又不可分離。因為看到女子的美，所以認見了靈魂，所以得到了光明，但這個光明與黑暗是統一的，在什麼意義上統一的呢？廢名沒有明說。不過從後文「我的光明哪裡是這深山裡一只孤影」，讀者可以大膽地揣測，這首詩與廢名因看見妝台裡的「靈魂」有關，是一首有關愛慕的詩。所以廢名會說到「從此我才忠實於人間的光明」、「我看守著夜」……這裡，廢名賦

〔註43〕廢名：《燈》，《廢名集》，第 1528～1529 頁。

予「光明」的意思是：覷見窗中女子照鏡，卻彷彿在那個妝台上認見了靈魂。
這裡是廢名對「女子世界」的推崇。這樣對「光明」、「黑暗」的賦義，很有
特點。

在另一處地方，廢名對「光明」與「黑暗」又是怎麼賦義的呢？在《莫
須有先生坐飛機以後·舊時代的教育》一章中，廢名這樣來闡述：

> 世界的意義根本上等於地獄，大家都是來受罪的，你從那裡去
> 接受自由呢？誰又能給你以自由呢？唯有你覺悟到你是受罪，那時
> 你才得到自由了。……然而我們自己可以把枷鎖去掉，人唯有自己
> 可以解放，……自己解放然後有絕對的自由，自由正是從束縛來的，
> 所以地獄又正是天國，人生的意義正是受罪了。唯有懂得受罪意義
> 的人才是真正的教育家。這時才能有誠意，才能謙虛，生怕自己加
> 罪於人，知道尊重對方，不拿自己的偏見與淺識去範圍別人了。……
> 世間沒有那樣的光明，因為世間是黑暗，而黑暗對於莫須有先生是
> 光明了，世間沒有另外的光明。所以教育並不能給小孩子以什麼，
> 教育本身便是罪行，而罪行是可以使人得到解脫的。〔註44〕

廢名是從人生的「自由」和「束縛」的意義上來討論「光明」和「黑暗」的。
廢名分析了自由是從束縛來的、光明是從黑暗來的，說明光明與黑暗不是對
立的，而是統一的。他在《阿賴耶識論》中將這個意思說得更明確：

> 光之下無有暗，光卻不是異於暗的範圍，或超於暗，或大於暗。
> 而暗即是光，因為由暗可以達到光。所以光與暗是一個東西。……
> 世人說燈能照暗，提婆說燈本無暗，照什麼？試思之，燈下那裡有
> 暗，猶如日光下那裡有黑夜？然而世人都相信燈能照暗的事實，正
> 是執著名相之故，一方面執著一個暗，一方面執著一個明，於是名
> 相與名相加起來，曰燈能照暗，實在是明無暗何謂照。〔註45〕

廢名這裡說了兩層意思。第一層，因為從暗可以達到光，所以暗與光是統一
的，可能是同一物的不同狀態。第二層，燈下無有暗，也就不存在照暗的事
實，不要執著於名相。所以廢名對「燈」的理解，是借用了佛家的理解，「燈」
象徵著光明，並且這個「光明」不是如執著名相的日常所說的與「黑暗」對

〔註44〕廢名：《莫須有先生坐飛機以後·舊時代的教育》，《文學雜誌》1947年11月
　　　　1日第2卷第6期。

〔註45〕廢名：《阿賴耶識論》，《廢名集》，第1861～1883頁。

立，而是「光明」與「黑暗」是同一個東西，是統一而可以互相轉化的。

廢名有一首《四月二十八日黃昏》，大量使用「燈」這個意象成文：

街上的電燈柱

　一個燈一個燈。

小孩子手上拿了楊柳枝

看天上的燕子飛，

　一個燈一個燈。

　石頭也是燈。

　道旁犬也是燈。

　盲人也是燈。

　叫化子也是燈。

　飢餓的眼睛

　　也是燈也是燈。

黃昏天上的星出現了，

　一個燈一個燈。〔註46〕

看廢名這首詩的格式，有很多縮進。最外圍的結構是：

街上的電燈柱……

小孩子手上拿了楊柳枝

看天上的燕子飛……

黃昏天上的星出現了……

可以看出，正是因為小孩子手上的楊柳枝牽到天上的燕子，然後再牽到黃昏天上的星。這些都是一個一個燈。電燈和星是燈好理解，那小孩子手上的楊柳球和燕子呢，還有石頭、道旁犬、盲人、叫化子……這些都可以啓廢名思索，他們也都是一個個的生命，所以廢名說他們都是燈。而「飢餓的眼睛」肯定是叫化子的眼睛讓廢名讀出了飢餓，「也是燈也是燈」，是飢餓灼亮的燈，是生命痛苦的燈。這首詩一定是廢名親眼所見，他感到痛苦，寫出了一盞盞灼灼的燈。

到了《壁》中，廢名把他常寫的意象都組織到一起了：

病中我輕輕點了我的燈，

彷彿輕輕我掛了我的鏡，

〔註46〕廢名：《四月二十八日黃昏》，《廢名集》，第 1595 頁。

像掛畫屏似的，

我想我將畫一枝一葉之何花？

靜看壁上是我的影。〔註47〕

這裡，「燈」、「鏡」、「葉」、「影」這幾個意象合一了。點燈可能是一個實際的
動作，同時點燈也包含著象徵意味，而掛鏡、掛畫屏都是對點燈行爲的隱喻
說法，說的是同一個意思，看到了自我、生命。所以他自問自己將畫「一枝
一葉之何花」，這花是一枝一葉，是一個整個的生命──瞭解廢名的讀者知道
他會說一個什麼詞──空華。但廢名這裡沒有點出，而是用「靜看壁上是我
的影」直接引到前面討論過的從「影子」意象相對地看待生死。「生爲死之遊
戲，愛畫夢之光陰」，廢名在這首詩裏，讓他的幾個成系統的核心的象徵意象
合一了，點明他寫的就是記憶和生命。這些地方再次體現出，廢名思想的特
徵之一是象徵結構，他偏愛從意象背後龐大的象徵體系去理解一個個意象。

第二節　廢名作品清晰的邏輯思路

　　廢名的寫作是非常細緻的，文心如髮。在《羅襪生塵》一文中，廢名寫
他不解《洛神賦》裏「淩波微步，羅襪生塵」的「塵」字，向友人請教。得
到俞平伯的回答「正惟淩波生塵，乃是羅襪微步，她在水上走路正同我們在
塵上走路，否則我們自己走路的情形，塵土何足多」，廢名乃甚喜愛曹植這兩
句詩、歎爲得未曾有。廢名說：「可見我是很講邏輯的，平日自己做詩寫小說
也總是求與事理相通，要把意思寫得明明白白，現在既然遇著這一個不合事
理的塵字，未免納悶。」〔註48〕廢名在討論庾信的「一寸二寸之魚，三竿兩
竿之竹」時，注意到「二」和「兩」是一樣的意思：「於是我自己好笑，我想
我寫文章決不會寫這麼容易的好句子，總是在意義上那麼的顛斤簸兩。」〔註
49〕這些地方都顯露出廢名創作講求邏輯清楚嚴密的特徵。下文主要論述廢名
的這一特徵，同時討論廢名作品的「晦澀」問題。

一、廢名的寫作講求邏輯

　　已往對於廢名作品的認識，認爲他最難懂的作品是新詩。朱光潛說廢名

〔註47〕廢名：《壁》，《文學季刊》1934 年 1 月 1 日第 1 期。

〔註48〕廢名：《羅襪生塵》，《新詩》1937 年 4 月 10 日第 2 卷第 1 期。

〔註49〕廢名：《三竿兩竿》，《世界日報・明珠》1936 年 10 月 5 日。

的詩歌「有一深玄的背景，難懂的是這背景」。已有的廢名詩歌研究常從禪宗與廢名思想的聯繫入手去解讀，而禪宗講究以心傳心、不立文字，這一角度的內在邏輯可能就不會去關注廢名新詩內部的理路。其實，廢名新詩背後的理路並非羚羊掛角、無跡可求，只要從整體上瞭解廢名的思想特徵，讀懂廢名新詩背後的思想「系統」，廢名詩歌的邏輯結構便清晰可辨。

廢名的新詩是說理詩。所謂「說理詩」，是說廢名的詩歌往往是用詩歌形象說明一個道理。以《喜悅是美》這首詩為例說明：

> 夢裏的光明，
>
> 我知道這是假的，
>
> 因為不是善的。
>
> 我努力睜眼，
>
> 看見太陽的光線，
>
> 我喜悅這是真的，
>
> 因為知道是假的，
>
> 喜悅是美。〔註50〕

初讀這首詩，難免一頭霧水。什麼叫「我知道這是假的，因為不是善的」，什麼叫「我喜悅這是真的，因為知道是假的」？其實這首詩想說明的道理之一是真、善、美三者是統一的。只要把「假」與「惡」，或者「真」與「善」等價代換一下，無論說「我知道這是假的，因為不是真的」、「我知道這是惡的，因為不是善的」……就都很容易理解了。對於「我喜悅這是真的，因為知道是假的」這一句的理解，需要瞭解廢名對人生的看法。這首詩分為兩段，其實在廢名看來，「夢裏的光明」與醒來後「看見太陽的光線」，這兩個事物是同一個東西。所以「我喜悅這是真的，因為知道是假的」這句分兩個層次。前一句，「我喜悅這是真的」是從一般普通的眼光來看，與「夢裡的光明」相比，「太陽的光線」是真的；而「因為知道是假的」，這句說明的是人生如夢幻泡影，不是永恆不變的東西，所以太陽的光線「是假的」，這是佛教思想的體現。之前討論的都是「真」與「善」的問題，所以詩歌最後一句，曲終奏雅地說「喜悅是美」，就水到渠成地說明了真、善、美是統一的一個東西的道理。這就是廢名說理詩的特徵體現。

〔註50〕廢名：《喜悅是美》，《廢名集》，王風編，北京大學出版社2009年版，第1587頁。

可以在論證上給予支持的是廢名在《莫須有先生坐飛機以後》中的一段論述：「莫須有先生關門睡覺時，他一個人站在門口望了一望，滿天的星，滿地的雪，滿身的寒了。開了門又是滿室的燈光。他相信眞善美三個字都是神。世界原不是虛空的。懂得神是因爲你不貪，一切是道理了。我們凡夫尚且有一個身子，道理豈可以沒有身子嗎？這個身子便是神。眞善美是當然的。」〔註51〕廢名對神的體認即是眞善美，世界原不是虛空的。廢名將這個道理寫進他的詩，於是他的詩都是在講他對世界的認識和體認的。

因此，讀廢名的新詩，不能拘泥於他一時一地所說的意象，要從整體上把握廢名的思想特徵，這樣就可以較清晰地解讀出廢名新詩背後的理路。下面以廢名一首新詩爲例，進一步論述這個問題。

廢名的《雪的原野》一詩：

> 雪的原野，
> 你是未生的嬰兒，
> 明月不相識，
> 明日的朝陽不相識，──
> 今夜的足跡是野獸麼？
> 樹影不相識。
> 雪的原野，
> 你是未生的嬰兒，──
> 靈魂是那裡人家的燈麼？
> 燈火不相識。
> 雪的原野，
> 你是未生的嬰兒，
> 未生的嬰兒，
> 是宇宙的靈魂，
> 是雪夜一首詩。〔註52〕

廢名這首詩在意象上跳來跳去，貌似不好理解，其實邏輯線索很清晰。就從佛經說的「阿賴耶識」的觀念去把握，「雪的原野」就像阿賴耶識一樣，是今生的種子。那麼具體看來，這首詩的讀解可以是這樣的：「雪的原野」因爲什

〔註51〕廢名：《莫須有先生坐飛機以後・民國庚辰元旦》，《文學雜誌》1948 年 7 月 1 日第 3 卷第 2 期。

〔註52〕廢名：《雪的原野》，《平明日報・星期藝文》1947 年 3 月 2 日第 10 期。

麼足跡都沒有，所以是「未生的嬰兒」。因爲未生，所以象徵今生的明月不相識，象徵來生的明日的朝陽不相識。今夜如有足跡，那是「雪泥鴻爪」的足跡，因爲人夜裏休息，所以這是野獸的足跡嗎？象徵人生的樹影不相識。然後，「靈魂是那裡人家的燈麼」指象徵智慧的燈，而由於未生，還沒有經過智慧的解脫，所以燈火也不相識。最後廢名點出核心「未生的嬰兒，　/是宇宙的靈魂」，靈魂是阿賴耶識，宇宙的靈魂，因爲每個人的識變現的都是一個宇宙，所以廢名在這首詩中寫的是阿賴耶識的道理。而「雪夜一首詩」正是廢名寫的這一首詩。也許上面的解讀在個別地方有些過於「實」，而大體的意思不差。從此處可以看出，廢名的新詩後面有他清晰的邏輯思路；在對廢名思想特徵整體瞭解的基礎上，可以較清晰地解讀出來。

　　此外，廢名在創作時，會在作品中留下清晰的前後照應的痕跡，使得他的意圖可以被清晰辨識。以《橋》下卷中的一個例子說明。《橋（下卷）・螢火》一章有這樣一段描寫：

　　　　細竹隨手捉了一個螢火，而且捧著看，大千又笑她，說道：

　　　　「細竹，你是睡醒了要洗臉。」

　　　　「你的話我不懂，——我不是要洗臉，我總是喜歡看蟲，我的臉乾淨得很。」

　　　　她這一說時，螢火蟲忽然不亮了，她也就讓它飛了。〔註53〕

這一段確實有點讓讀者不解。爲什麼細竹捧著螢火看，大千要說她是睡醒了要洗臉呢？而這個疑惑，竟然到下一章，也就是在跳過了細竹和小千的一段長長的夜談，到第二天的早晨，廢名才從容不迫地給我們一個解答：

　　　　細竹清早醒了，睜開眼睛，她那麼的稀罕著，睜眼看見白天好像白日是一個夢似的，昨夜的事情反而明明的是一個眞的情景，……忽然她拿手拂著自己臉上的什麼物兒，原來東窗的陽光照著那個洗臉臺上的鏡子，又反照在她的臉上了，她馬上自己覺著，自己又好笑了。她記起昨夜在外捉螢火蟲玩，她捧著看，「大千說我是瞌睡醒了要洗臉，大概是暗夜裏螢火的光映在我臉上，她才那麼說。現在這個日頭的影兒倒是說我睡醒了要洗臉。」〔註54〕

細竹在大千的房間裏睡覺，這個屋子的陳設使得細竹的臉上反映著洗臉臺所

〔註53〕廢名：《橋（下卷）・螢火》，《文學雜誌》1937年7月1日第1卷第3期。
〔註54〕廢名：《橋（下卷）・牽牛花》，《文學雜誌》1937年8月1日第1卷第4期。

映照的東窗的陽光，細竹拿手去拂，才體會到因為同樣是光映在臉上，大千從自己早上因陽光拂臉聯想到螢火的光也可能有「一拂」吧，於是說細竹「睡醒了要洗臉」了。大千有同樣的拂臉的經驗，所以細竹通過自己的經驗讀懂了大千的意思了。廢名的這種寫法顯示出清晰的邏輯線索，前後照應非常嚴格。

　　從廢名的「說理詩」背後清晰的邏輯線索，以及小說中嚴格的前後照應，都可以看出廢名的寫作非常講求邏輯，決不含混或者模糊。

二、廢名創作的晦澀問題

　　在此前討論的基礎上，這一節討論廢名作品的「晦澀」問題。

　　周作人在《棗和橋的序》中說：

> 　　廢名君的文章近一二年來很被人稱為晦澀。據友人在河北某女校詢問學生的結果，廢名君的文章是第一名的難懂，而第二名乃是平伯。本來晦澀的原因普通有兩種，即是思想之深奧或混亂，但也可以由於文體之簡潔或奇僻生辣，我想現今所說的便是屬於這一方面。在這裡我不禁想起明季的竟陵派來。……民國的新文學差不多即是公安派復興，唯其所吸收的外來影響不止佛教而為現代文明，故其變化較豐富，然其文學之以流麗取勝初無二致，至「其過在輕纖」，蓋亦同樣地不能免焉。現代的文學悉本於「詩言志」的主張，所謂「信腕信口皆成律度」的標準原是一樣，但庸熟之極不能不趨於變，簡潔生辣的文章之興起，正是當然的事。〔註55〕

從周作人的分析看來，「晦澀」即是「難懂」。周作人此文作於 1931 年 7 月 5 日，此時廢名《橋》已完成上卷，廢名早期的基本風格已初露頭角。周作人將「晦澀」的原因歸為兩點：一為思想上的深奧或混亂，一為文體上的簡潔或奇僻生辣。這種文學鑒賞性的評價如果用清晰的語言界定，那麼一為思想上的深奧（「混亂」顯然是貶義詞，從廢名的創作特徵來看，廢名的文章都是邏輯清晰、文心如髮的，所以不存在思想混亂的問題），一為文體上的省略或奇特。周作人這裡用「文體之簡潔或奇僻生辣」來解釋廢名的早期風格，我覺得還是比較恰切的。廢名的早期小說如果給人「晦澀」的感覺，主要在於

〔註55〕周作人：《棗和橋的序》，《棗》，開明書店 1931 年版，第 3～4 頁。

廢名愛用省略。雖然在《橋》的上卷，廢名所關注的一些傳統思想資源已經漸漸進入小說，但讀解它們並不困難。如果想將後期廢名作品背後的思想背景都解讀出來，是需要積累和功夫的。也就是說，在廢名後期的發展中，「思想上的深奧」在一定程度上存在，即讀者需要具有一定的知識背景才可以解讀廢名。但廢名一直很注意他的文本的接受問題，會在文本中加進很多解釋、提示或呼應的元素說明他的意圖，所以即使不知道文辭背後的思想背景，廢名的文字也是很有審美價值的。

此外，李健吾在《畫夢錄——何其芳先生作》中用不少篇幅討論廢名，在說到廢名的文學風格時，李健吾說：

> 我不妨請讀者注意他的句與句間的空白。唯其他用心思索每一句子的完美，而每一完美的句子便各自成為一個世界，所以他有句與句間最長的空白。他的空白最長，也最耐人尋味。我們曉得，浦魯斯蒂指出福樓拜造句的特長在其空白。然而，福氏的空白乃是一種刪削，一種經濟，一種美麗。而廢名先生的空白，往往是句與句間缺乏一道明顯的「橋」的結果。你可以因而體會他寫作的方法。他從觀念出發，每一個觀念凝成一個結晶的句子。讀者不得不在這裡停留，因為它供你過長的思維。這種現象是獨特的，也就難以具有影響。〔註56〕

李健吾認為，福樓拜造句的空白在於省略和刪削，而廢名的「句與句間最長的空白」是由於他將自己思考的觀念凝成佳句，而佳句間缺少他對自己由一句走到另一句的思維過程的展示。李健吾所說的「這種現象是獨特的，也就難以具有影響」，也正是說明廢名作品的「晦澀」難懂傾向的。而從之前的分析可以看出，廢名的小說、詩歌，其內在的邏輯理路其實十分清晰，只要讀者不沾滯於他所說的具體文詞，而能把握廢名之後的思想脈絡，句與句之間的「橋」其實清晰可辨。所以，這是李健吾讀廢名作品還不夠深入之處。本節試圖在前一節的基礎上，討論廢名的省略、詩與散文「隔」與「不隔」等問題。

（一）省略

廢名作品的「省略」表現在哪些方面？首先表現在選材上。廢名在 1930 年的《立齋談話》中說：

〔註56〕李健吾：《畫夢錄——何其芳先生作》，《咀華集‧咀華二集》，復旦大學出版社 2005 年版，第 85 頁。

「Omit」這個字很有意思。記得有一位藝術家說過這樣的話，藝術家的本領就在於 Omit 這一個字。我的意思還不在於技巧方面，而在於境界，而在於思想，總之一切。你爲什麼別的不說而說你要說的這一個呢？這一個你把你的什麼都告訴我們了。你說的是一塊石頭罷，然而你是一個三家村的學究，你是一個經歷名山大川而回頭的，都看你這塊石頭怎麼樣。同是說一朵花，你是一個閨房小姐，你是一個正在戀愛的青年，或者是一個有道法的和尚，或者是一個生物學家，也自臭得出。〔註57〕

「Omit」即「省略」。廢名這裡說的主要是思想和選材方面的省略。即一個作家選擇說什麼，是他已經在大千世界中作了一番「省略」之後的選擇。而選擇了說什麼之後，怎麼說又將是對作家的一個區分。

在小說敘述的技巧上，廢名經常省略句子的主語或者動作這樣的句子成分，需要讀者用推理將他的意脈聯繫起來。在他早期的小說《四火》中，這些省略表現得比較明顯。

媽媽一眼看破了蛋，然後——

「晚上給你。」

「不忙，不忙。」

王二嫂望見她的鬏鬏跑來了，第二個不忙已經開步走了。〔註58〕

在這段話裏，廢名省略了擺攤子的張媽媽的「說道」這個動作，「晚上給你」一句直接跳出來。而王二嫂看見她的兒子來了，「第二個不忙已經開步走了」如果不省略的話，應該這樣表達「說著第二個不忙時，王二嫂已經開步走了」。可以看出，廢名在這裡主要是以人物對話代替對人物動作的交代，除了使文字顯得簡練之外，由於缺少句子的動作、需要讀者思考補足，就使得人物的對話更加突出；同時延長了對句子的欣賞時間，讀者也會對句子缺省的部分留下較深的印象。

廢名有時也用暗示的方法來省略。如：

王二嫂迎上前去，四火一手遞阿嫂。

「油。」

〔註57〕廢名：《立齋談話　四》，《華北日報副刊》1930 年 10 月 13 日第 285 號。

〔註58〕廢名：《四火》，《華北日報副刊》1929 年 9 月 19 日第 165 號。

　　　王二嫂的眼睛告訴王二嫂。張媽媽的眼睛也看見了，她與四火之間是王二嫂，她以背向她，爲她遮了四火。

　　　王二嫂風車一般的車進廚房，……

　　　「四火，幾時替我也留一點，你賣給麵館賣多少錢，我也出多少錢。」

　　　張媽媽同四火當面講話。

　　　「你們總以爲我得了好多！你看，分到我名下就只有這一點。」

　　　說話時一弔豬油不知掛在那裡，但張媽媽實看見了，這一點實在不多。

　　　四火是酒醉回來。

　　　四火之一落千丈，是此夜過了不久的事。

　　　簡單一句：四火的差事革掉了。……〔註59〕

這一段廢名的幾處省略都很妙。四火偷的油給王二嫂，「王二嫂的眼睛告訴王二嫂」表明王二嫂不說話，因爲不便說話。「張媽媽的眼睛也看見了」說明張媽媽心裏有數，也不說話。而「她以背向她，爲她遮了四火」裏的三個她，第一個是指代王二嫂，第二個是指代張媽媽，第三個也是指代張媽媽，顯示出王二嫂心虛，所以要在張媽媽面前擋住四火，並且王二嫂立刻「風車一般的車進廚房」，要藏起四火偷來的油了。而「張媽媽同四火當面講話」顯示出二人之間起初隔著的王二嫂已經不在中間了——王二嫂在廚房裏。廢名的這些地方都很見出他的細膩。而張媽媽「當面」說的讓四火爲她留一點的油，引起了四火的緊張。所以他的答話就強調「分到我名下」，強調是分的油、不是偷的。而「一弔豬油不知掛在那裡」顯示出油已經被藏起來了，同時「張媽媽實看見」的「這一點實在不多」顯示出四火的偷油還是比較老實。而「四火之一落千丈，是此夜過了不久的事」中看似無意的一筆「是此夜過了不久」，表明了正是因爲張媽媽，四火偷油的行徑暴露了。所以廢名緊接著直陳其事「四火的差事革掉了」。可以看出，這幾處省略，都是通過人物的一些語言、動作來暗示人物的心理活動。這種暗示性也正是「表徵結構」的一種特徵。這些地方，就是周作人所說的「文體上的簡潔或奇僻生辣」。

〔註59〕廢名：《四火》，《華北日報副刊》1929 年 9 月 20 日第 166 號。

（二）對表徵方式的解讀

如前所述，廢名的作品中有明顯的表徵結構。讀者如果能讀出廢名的表徵結構，則廢名的文章將非常清晰，沒有一點晦澀的地方。同時，廢名經常討論作家與作品之間的關係，他在不同的地方談論作家「主觀」和「客觀」的問題，如他談巴爾扎克：

> 簡括的說，巴爾扎克著作中的人物，那怕就是一個廚役，都有一種天才。每個心都是一管槍，裝滿了意志。這正是巴爾扎克自己。外面世界的一切呈現於巴爾扎克的心之眼，是在一種過分的形象之下，俱有一種有力的表現，所以他給了他的人物一種拘攣似的動作；他加深了他們的陰影，增強了他們的光。〔註60〕

也就是說，廢名認為作家的作品都是作家情感和意志的外化。在《立齋談話》中，廢名把這個意思表達得更明確：

> 我近來彷彿才能望見「客觀」二字。至於要真正到了那地步，尚要假我以歲月。我想，藝術之極致就是客觀。而這所謂客觀其實就是主觀之極致，所謂入乎內出乎外者或足以盡之。此事殊不容易，因為這個對象是「人生」，也就是你自己也。不同科學是外界的現象。而其能夠冷靜的把對象捧在手上而觀照之，則在兩方面都需要老手。……我們所有的小說，我以為都是小說家他們做的詩，這些小說家都是詩人。他們所表現的人物，都是主觀的。……小說家都是拿他們自己的顏色描畫人物。顏色生動，人物也才生動。〔註61〕

廢名的意思是，作家以自己的人生為觀察對象，摹寫人物。作家在作品和人物身上投射了自己的情感和思考，這是作家的「主觀」。同時作家對自我的觀察必須是冷靜的，這是作家努力追求的藝術的「客觀」，也是藝術所要求的距離感。

廢名創作時，正是冷靜地與自己的實生活隔著界限。他引用俞平伯的話說明自己的創作特徵時，強調他自己原先都不覺得自己的特點：

> 很早的時候平伯看了我的《橋》，曾對我說過，「看你書中的主人公，大有不食人間煙火之感。」當下我很吃一驚，因為完全出乎

〔註60〕廢名：《說夢》，《語絲》1927年5月28日第133期。

〔註61〕廢名：《立齋談話》，《華北日報副刊》1930年10月13日第285號、10月16日第287號。

我的意外，自己當然總是給自己蒙住了，我萬萬想不到我這個「惡
劣」傢伙的出產原來可以得到那一個當頭棒，後來我仔細一想，平
伯的話是對的，或者旁觀者清亦未可知，因之我寫給平伯的信有云：
「我是一個站在前門大街灰塵當中的人，然而我的寫生是愁眉斂翠
春煙薄。」〔註62〕

「不食人間煙火」也可以有幾種理解。俞平伯這裡說的「不食人間煙火」，最
深刻的含義即指廢名小說的人物都是一種觀念的凝結，不是現實生活中存在
的人。同時，從「前門大街灰塵當中」到「愁眉斂翠春煙薄」的轉化，廢名
的小說對現實生活進行了變形。這不但是有意與現實生活拉開距離，同時也
是一種文學的陌生化手法，將日常生活帶入某種距離較遠的傳統思想資源
中，使其具有超越日常生活的意義。如廢名在《忘記了的日記》中記載的一
些事件，它們都是他預備拿來做文章的材料：

公園路上，一個姑娘低頭看一陣螞蟻，她的同伴好幾個，催她
走，說她沒有事幹，她答，「你們有什麼事幹？反正不是來玩的？」
她的話說得真好聽。〔註63〕

廢名將這一段材料轉化成多種形式，最直接的轉化是《橋》中的一段：

琴子睡了午覺醒來，聽得細竹在天井裏，叫道：

「細竹，你在那裡幹什麼？」

「這不曉得是一個什麼蟲，走路走得好玩極了。」

……

那個小蟲，真不曉得是一個什麼蟲，黑貝殼，姑娘沒有動手撩
它，它自然更不曉得它的輿地之上，只有一寸高的樣子，有那麼一
幅白面龐，看它走路走得好玩極了。〔註64〕

從日常生活中普通的看螞蟻，到《橋》中細竹看蟲，變化的是廢名的描寫方
式。廢名不但用了「輿地志」的「輿地」這樣一個古語，將小蟲爬行的地面
轉化為書面上古雅的地圖；而且將姑娘看著小蟲的臉寫成「有那麼一幅白面
龐」，這裡的「一幅」，本是形容書畫的詞，放在形容細竹的面容上了。這些

〔註62〕廢名：《斗方夜譚》，《華北日報副刊》1930年12月25日第346號。
〔註63〕廢名：《忘記了的日記》，《語絲》1927年4月23日第128期。
〔註64〕廢名：《無題‧桃林》，《華北日報副刊》1930年3月10日第280號。

地方都是廢名的陌生化手法，將原本日常的情境轉化成需要讀解的符號。但他前後有呼應，比如一開頭琴子對細竹的提問，說明了細竹的行為，所以後面的文章就比較容易讀懂了。

這一類改寫的例子很多。如廢名將《少年阮仁的失蹤》中的村莊東頭露天睡著的乞丐改寫為《橋》中的三啞叔；將自己過年時給大哥磨墨寫春聯改寫為《初戀》中銀姐為「我」準備墨、硯池、玻璃瓶，以及《橋》中細竹為琴子磨墨等等。廢名在這些地方為日常生活添加了思想文化的內涵，在陌生化中產生了特殊的文學意義。

（三）詩的「不隔」與散文的「隔」

廢名在 1935 年比較集中地討論了詩和散文「隔」與「不隔」的問題：

> 近人有以「隔」與「不隔」定詩之佳與不佳，此言論詩大約很有道理，若在散文恐不如此，散文之極致大約便是「隔」，……我們總是求把自己的意思說出來，即是求「不隔」，平實生活裏的意思卻未必是說得出來的，知堂先生知道這一點，他是不言而中，說出來無大毛病，不失乎情與禮便好了。……原來詩人都是表現自己的，大約他天生成的有這表現的才能，他在這表現之中也有著匠人製作的快樂，這是詩之所以「不隔」之故。……若散文則不然，具散文的心情的人，不是從表現自己得快樂，他像一個教育家，循循善誘人，他說這句話並非他自己的意思非這句話不可，雖然這句話也就是他的意思。又如我前面所說的，具散文的心情的人，自己知道許多話說不出，也非不說出不可，其心情每見之於行事，行事與語言文字之表現不同，行事必及於人也。〔註65〕

廢名談論詩與散文「隔」與「不隔」的問題，是由林語堂說周作人是「今日之公安」而起。由於廢名不認為周作人寫的是清新流麗的公安派的文章，所以他要以「隔」這個概念來說明周作人不是公安派。為了和自己想說的「隔」對應，他想到陶淵明的「不隔」，這樣區分了詩與散文。這種劃分帶有很多隨意的成分。但讀者可以看出廢名是追求散文的「隔」的效果的。

散文的「隔」，在廢名這段話裏，就是指不必像詩歌那樣一定要把自己的話說得恰到好處，只要沒有太大的缺點就可以。廢名談論的散文，是指周作

〔註65〕廢名：《關於派別》，《人間世》1935 年 4 月 20 日第 26 期。

人的散文，不是表現自己，而是講明一個道理，循循善誘，同時在行事中得到體現的。廢名自己的文章也受到周作人的這方面影響。他在分析李煜的詩歌時也以「隔」與「不隔」來界定概念：

> 李後主有名的《浪淘沙》，我在大學預科的時候還是很喜歡，動不動就「簾外雨潺潺」的哼唱起來，後來乃覺得像這樣的詩並寫得不好，雖然作者的感情我還以為是真的。這樣的詩，若借用王靜庵的一個字，我以為正是「隔」。大凡詩之所給讀者的，不是作者作詩的情緒，應是作者將這個情緒寫成的詩，寫得「不隔」才是不隔。什麼「羅衾不耐五更寒，夢裏不知身是客，一晌貪歡」，大約可以博得少年們的歡喜，只是詩的調子讀起來像煞有價事而已，其實寫得很粗浮。〔註66〕

廢名說李煜的「羅衾不耐五更寒」寫得粗浮的原因是說他寫的是作詩的情緒，而非將這個情緒寫成的詩。也就是說，「羅衾不耐五更寒」是一種議論，而未曾將這個情緒寫成「詩」。在我理解，這指的是沒能為這個情緒找到一個好的形象或者說載體。所以廢名覺得李煜寫得粗浮。廢名自己寫詩的時候，就是直接進入對自己的情緒如何表現的嘗試，而非這樣議論自己的一些動作、感覺。

廢名將「隔」的意思表達得最清晰的，是在1930年的《隨筆》裏：

> 下筆總能保持得一個距離，即是說一個「自覺」，（consciousness）無論是以自己或自己以外為材料，弄在手上若拋丸，是談何容易的事。所謂冷靜的理智在這裡恐不可恃，須是一個智慧。人是一個有感情的動物，這一個情字非同小可，一定要牽著我們跟著它走，這個自然也怪有意思，然而世間也難保沒有有本領的猴子，跳得過如來手心。「惠子曰，既謂之人，惡得無情？莊子曰，是非吾所謂情也。吾所謂無情者，言人之不以好惡內傷其身，常因自然而不益生也。」這真是字字有力量，闡發起來恐怕話長，總之這是我所理想的一個有情人，筋斗翻到這個地步那才好玩。我羨慕一種小說「常因自然而不益生」，我所謂的「自覺」或者就可以這樣解法。〔註67〕

廢名這段話說的是創作時的心理狀態。廢名認為，要用智慧節制感情，引導

〔註66〕 廢名：《莫字》，《世界日報·明珠》1936年10月2日。
〔註67〕 法（廢名）：《隨筆》，《駱駝草》1930年10月27日第25期。

感情變化。這是一種自覺——「常因自然而不益生」，即感情的好惡不影響到創作時智慧的主導，這樣這個有情才會變成好看的文章，才會下筆總能保持一個距離，「弄在手上若拋丸」。這裡廢名所說的「隔」是指作家對於自己的作品，應始終保持一個距離感。這與廢名提倡的與實生活隔了界也是一氣相通的思路。

在這些地方可以看出，廢名追求文章的耐讀。他的種種變形的方法都有他在語境中的解釋和呼應為說明，所以廢名的文字是有意給人超越日常生活的不食人間煙火之感，給人一種文學陌生化的距離感。

綜合以上論述可知，造成廢名作品「晦澀」的原因多樣：廢名對日常物象賦予他自己思考的意義，他對日常生活的有意隔離和超越，以及他的「省略」都是造成「晦澀」說法的原因。而廢名在行文中的多所照應、解釋，為讀者讀解出廢名的意圖指示了道路。所以廢名作品的邏輯都是清晰可辨的，雖然有些讀者由於未把握住廢名的思想特徵而認為廢名「晦澀」難懂。

第三節　愛情問題

廢名創作的核心問題之一是愛情問題。廢名是在中國文學與西方文學對比的基礎上重視愛情問題的。他對中國文學裏男子與女子感情描寫的體認是：

> 只可惜中國小說於男子婦人間的事情總寫不好，此蓋是民族精神的致命傷，缺乏健全思想，無可如何也。《紅樓夢》的空氣要算是最好的，雖然賈寶玉的名譽太大，我不想替他宣傳，然而《紅樓夢》尊重女子人格這一點，又怎不令我們佩服。據考證家的報告，這又卻是滿洲人的光榮。〔註68〕

因為缺乏健全思想，所以中國小說對於戀愛這個題材寫不好。廢名認為這是「民族精神的致命傷」，所以廢名的作品中，關於愛情的內容佔了很大的篇幅。短篇小說和《橋》中反覆書寫的愛情模式，《莫須有先生傳》中莫須有先生對愛情的玄想、思考和討論，以及新詩中對給予光明的「伊」的描寫，都可以從這個意義上來理解。

廢名進一步認為傳統的中國文學裏沒有戀愛，只有好色：

〔註68〕廢名：《水滸第十三回》，《世界日報·明珠》1936 年 10 月 8 日。

我們當時對於文藝都是從西方文藝得到啓示，懂得西方文藝的
「嚴肅」，若中國不是「正經」便是「下流」，即是一真一僞，最表
現這個真與僞的莫過於男女問題，戀愛問題，中國人在這些事情上
面都缺乏誠意，就男子説自己不尊重自己的人格，也不尊重女子的
人格，只是好色而已，西洋人好色也不失其誠，因之也不失其美，……
西方文藝關於性欲的描寫也都是嚴肅，中國人只是下流。在下流的
對面是「正經」，而正經亦是下流，下流是下流的言行一致，正經則
是言行不一致，只有這個區別。我們討厭正經，反而甚於討厭下流，
對於那些假道學家認爲「不潔淨的」，只看得出假道學家自己的不潔
淨，文藝的材料則沒有什麼叫做不潔淨。〔註69〕

廢名這段話把「嚴肅」這個詞拿出來，這個詞其實表徵的是一種認真的態度，
廢名有時用「誠意」來説明它，有時用詩人的「貞操」來説明它，都是指男
女雙方對愛情認真的意思。廢名並引用梁遇春對於武松殺丫鬟的憤怒而説「此
君大約是熟讀歐洲中世紀騎士的故事，其憤怒我可以同情也」，廢名認爲在戀
愛問題上最見出真僞，這裡體現出廢名對中國思想和習俗的反思。

同時廢名在《無題》中寫道：

夢中我夢見人間死了，

這個境界正好比一個夢，

伊手上還捏一個東西在那裡玩，

偷偷我看了一眼

正是伊給我的光明。〔註70〕

只有「伊」才是光明的施予者。廢名在《莫須有先生傳》中也説：「區區之心
好像不忘戀愛，這一下子完全失敗了。悲夫。你錯了，莫須有先生那裡想冒
充年少？那是多麼自殺的事。莫須有先生驢背而傷逝了。」〔註71〕在莫須有
先生傳中，除了家常和房東太太閒聊、夫子自道之外，只要是莊語的部分，
主要描寫的都是莫須有先生關於戀愛的回憶和思考。

廢名在《貶金聖歎》一文中還説道：

〔註69〕 廢名：《響應「打開一條生路」》，《大公報・星期文藝》1946 年 12 月 1 日第 8
　　　　 期。

〔註70〕 廢名：《無題》，《廢名集》，第 1559 頁。

〔註71〕 廢名：《莫須有先生傳・姓名年齡籍貫》，《駱駝草》1930 年 5 月 12 日第 1 期。

最要緊的是文章要寫得好，故事也要好玩，沒有教訓的意味。……他們豈可以這樣的沒有趣味，新房中應該留好些記憶，做異日情話的資料，豈可以從今天起便正牆面而立也哉。我真想寫一部小說，做他們的洞房花燭夜的禮物，這部小說如果寫成了，比老子著一部《道德經》還要心安而理得。說到這裡，我對於《聊齋》又要表一番敬意，《聊齋誌異》裏有一篇題作「青娥」，我覺得寫的很不壞，只可惜這樣的佳作偶得之罷了。〔註72〕

這裡，廢名對於愛情主題的小說提出了要求：「文章要寫得好，故事也要好玩，沒有教訓的意味。」正是因為中國傳統文學在愛情問題上訓誡太多，廢名才特別強調不要有教訓的意味。廢名表達了他想寫一部這樣小說的願望，且認定這小說的價值很高。同時，廢名對「青娥」故事的褒獎又顯現出廢名認為中國傳統文學中符合他提出的要求的愛情小說太少。這些地方都反映出廢名是在中國文學與西方文學比較的基礎上重視愛情問題的。

在廢名的作品中，短篇小說中令人喟歎的《柚子》、《鷓鴣》，《橋》中由琴子、細竹生發的種種情緒波動，以及《莫須有先生傳》中大篇討論感情問題，都體現出廢名對於愛情問題的重視。其中，廢名反覆書寫的愛情結構，在以琴子、細竹為代表的愛情主結構及以魚大姐為代表的愛情副結構中得到了較充分的體現。

一、廢名反覆書寫的愛情結構

廢名在作品中探討愛情，他反覆書寫的一個愛情模式是一個穩定的三角結構，即男主人公、他從小定親的妻子、他從小一起長大的青梅竹馬的女孩。單純從情感的角度來分析，毫無疑問廢名愛的是從小一起長大的青梅竹馬的女孩。但廢名是一個「守禮法的性格」，他從小定親的妻子又溫柔敦厚，於是沒有改變這種現狀、將愛情在實際生活中推向現實的可能，於是廢名只在作品中反覆書寫他對童年玩伴的喜愛，如《柚子》中對自己與柚子一起長大的兒童生活的細緻追憶，《鷓鴣》中因柚子的婚事而起很多感觸，特別是這一段：

最後姨媽說：

「芹姐房裏懸掛的什麼畫兒，總是說好。」

〔註72〕廢名：《貶金聖歎》，《世界日報‧明珠》1936年12月17日第77期。

　　「那容易，我一定爲妹妹畫得更好。」

　　　回到家來，我心裏打算，顏料要頂上的，紙不用用絹，可惜須

　得到外方才有，不然此刻呵凍寫成，豈不早安了妹妹的心？〔註73〕

這裡的「爲妹妹畫得更好」，不是一時的客氣話。從回到家來心裏的打算，還
有晚上乘涼時「我」想談柚子而被妻子打斷了話頭，都可以看出「我」想爲
妹妹畫得更好的心。這些地方顯現出廢名心中這個感情結構的牢不可破。到
了《橋》的上卷下篇，廢名更是將自己心中的理想女性形象加諸他創造的細
竹這個人物身上。

（一）愛情的主結構：以琴子與細竹爲代表

　　在小說《橋》中，廢名將最美的意象、最高的評價給了細竹：

　　　細竹一回頭，非常之驚異於這一面了，「橋下水流嗚咽，」彷彿

　立刻聽見水響，望她而一笑。從此這個橋就以中間爲彼岸，細竹在

　那裡站住了，永瞻風采，一空倚傍。

　　　這一下的印象眞是深。〔註74〕

廢名在描寫中，將細竹的所在稱爲「彼岸」。而「永瞻風采」、「一空倚傍」，
都寫出了細竹的飄然超群。廢名還要強調一聲「這一下的印象眞是深」，使得
這個定格更加固定。

　　在小林見到細竹爲孩子們打楊柳、細竹和孩子們走了之後，小林有很長
時間一直心情波動不定：

　　　「史家莊呵，我是怎樣的同你相識！」

　　　奇怪，他的眼睛裏突然又是淚，──這個爲他遮住了是什麼時

　分哩。

　　　這當然要叫做哭呵。沒有細竹，恐怕也就沒有這哭，──這是

　可以説的。爲什麼呢？……

　　　星光下這等於無有的晶瑩的點滴，不可測其深，是汪洋大海。

　　　小林站在這海的當前卻不自小，他懷抱著。〔註75〕

史家莊，在現實中是因爲琴子而相識，而這裡的一聲歎，是由於細竹的加入，

〔註73〕馮文炳：《鷓鴣》，《現代評論》1925 年 2 月 14 日第 1 卷第 10 期。

〔註74〕廢名：《八丈亭》，《華北日報副刊》1929 年 7 月 19 日第 116 號。

〔註75〕廢名：《無題之十四・黃昏》，《語絲》1928 年 2 月 27 日第 4 卷第 9 期。

才會引起了小林的眼淚。廢名自己也承認了「沒有細竹，恐怕也就沒有這哭」。小林是愛細竹的，但他與琴子從小定親，守禮法的性情使得他只能在精神上戀慕細竹。所以他說他的眼淚「不可測其深，是汪洋大海」，因爲是愛，所以不可測其深、是大海。而小林懷抱著這大海，是一個偉大的精神上的感情的擔當。所以這一節，廢名讓小林在河上徘徊了那麼久，因爲要把這份感情找個安排的去處，平靜了才可以回家。

即使到了《橋》的下卷，小林和琴子即將成親，廢名在表達感情上收斂了很多之後，他在自己的一些了悟時刻，也還是讓細竹擔當這個啓發者的角色的：

> 他頓時便似夢中看得花開，明白又莫過眼前了。他彷彿什麼都得著了，而世間一個最大的虛空也正是人我之間的距離，咫尺畫堂，容納得一生的幻想，他在這裡頭立足，反而是漂泊無所，美女子夢裏光陰，格外的善眼天眞，髮雲渲染，若含笑此身雖夢不知其夢也。實在的，這一個好時間，是什麼與她相干？忽然他凝視著一個東西，──她的呼吸。他大是一個看著生命看逃逸的奇異。他不知道這正是他自己的生命了。於是他自審動了淚意，他也不知爲什麼，只是這一個哀情叫他不可與細竹當面，背轉身來坐下那個寫字之案，兩朵淚兒就弔下了。這時兩下的距離倒是遠得很，他想著不要驚動了她的寤寐，自己就劃在自己的感傷之中。因爲這一個自分，自己倒得了著落，人生格外的有一個親愛之誠，他好像孤寂的在細竹夢前遊戲畫十字了。……美，也正是一個擔荷，人生在這裡「忘我」，忘我，斯爲美。〔註76〕

只引用了小林見到細竹睡容時的一部分感想，已經足以令讀者想像到細竹對於小林的重要意義了。爲什麼小林不是對著琴子想到人我之間的界限，爲什麼小林不是對著琴子想到忘我就是美？因爲小林想知道自己在細竹的生命中是什麼樣的位置，他才會考慮人我自分的問題。他後來還考慮到人的一生的命運，考慮到古人夢中的彩筆，又望著陽光想得到啓示，後來不得不一個人走到院子裏去玩。在這個過程中，細竹除了睡著的樣子外，沒有任何一個動作，而小林聯翩想到很多東西，並且悟了。這種感情，不需要其他的說明，已經看得十分明白了。

〔註76〕廢名：《橋（下卷）・窗》，《新月》1933 年 6 月 1 日第 4 卷第 7 期。

　　但是琴子是他定親的妻子，而且琴子溫柔敦厚的性格、十分愛小林，那這種感情模式發展的結果呢？在《橋》中，廢名寫到琴子的小苦惱，以及小林感受到琴子的苦惱，一直將他對細竹的感情收束在讚歎、欣賞的範圍，這樣來讓這個感情結構穩定。

（二）愛情的副結構：以狗姐姐、魚大姐為代表

　　廢名在琴子、細竹之外，還寫有一系列女子形象，形成廢名思考的愛情問題的副結構。如《我的鄰舍》中的淑姐，《花炮──放牛的孩子》中的梅姐，《初戀》中的銀姐，《去鄉──S 的遺稿》中的萍姑娘，《橋》中的狗姐姐，《莫須有先生傳》中的魚大姐。與以細竹為代表的「妹妹」形象不同，這些女性形象都是「姐姐」，而這些姐姐往往在琴子和細竹的二元結構之外給予小林以感觸。

　　在《我的鄰舍》中，「我」已結婚，但見到淑姐之後：

> 　　那人叢後面不是一位姑娘嗎？「啊，淑姐！手牽的正是六指！」我又很自然的站住了。聲音很多，卻沒有聽見淑姐一句話，我徐徐的瞄她，她也正瞄著我哩。我們小孩子的親密的生活，以及後來各在一方，隨著許多有趣味的回憶而眷念著（至少在我是如此）的心情，統行消融於我們的眼光當中了。〔註77〕

《初戀》中，銀姐對我的影響：

> 　　屋子裏只有我同銀姐兩個了，銀姐而且就在我的身旁，寫好了的包袱她搬過去，沒有寫的又搬過來。我不知怎的打不開眼睛，彷彿太陽光對著我射！而且不是坐在地下，是浮在天上！掙扎著偏頭一覷，正覷在銀姐的面龐！──這面龐呵，──我呵，我是一隻鳥，越飛越小，小到只有一顆黑點，看不見了，消融於大空之中了……　……〔註78〕

這些地方，都顯現出廢名突破琴子、細竹的愛情主結構的嘗試。在寫狗姐姐的時候，廢名更進一步，重在寫身體的接觸：小時候狗姐姐給糖給小林的時候，故意把糖捏得很緊、在小林頰上擰一下子；狗姐姐梳頭時會低頭親小林一下；三月三看鬼火時握住小林的手，包括回到竹林莊時與狗姐姐的接觸。〔註

〔註77〕廢名：《我的鄰舍》，《廢名集》，王風編，北京大學出版社 2009 年版，第 77 頁。

〔註78〕馮文炳：《初戀》，《現代評論》1925 年 4 月 3 日第 1 卷第 17 期。

〔註79〕廢名：《橋・楓樹》，《華北日報副刊》1929 年 9 月 5 日第 154 號。

79）這些地方，都突破了小林寫琴子、細竹的界限。與琴子、細竹相比，狗姐姐更接近世俗生活中的女子，「狗姐姐」這個名字的設置就提示出這個人物形象在廢名小說人物系統中的不尋常。廢名在散文中關於「不潔淨」事物的思考可以爲這愛情的副結構作一注腳。在1926年的《忘記了的日記》中，廢名說道：

> 我預備將來寫某一種東西，開始做日記。我在過去的四年之內，有種種不同的心情，想起來很愛惜，越幼稚，「不潔淨」，越愛惜得厲害，可惜有許多現在已經捉不住了。……有些事我還不敢寫出來，「不潔淨」的事，彷彿覺得寫出來不大美，但我自己知道，而且可憐我，這是我做過的。我也原恕我這個不寫出來的心情。〔註80〕

這裡，廢名所說的「不潔淨」的事情，指的就是與身體欲望相關的事情。而廢名此後思考的結論是：關鍵看文章作意，材料本身沒有潔淨不潔淨的區分。

《莫須有先生傳》中的魚大姐，集合了「姐姐」們身上的諸多特徵。廢名曾借莫須有先生之口說：「唉，人籟，我生平有兩位女郎的聲音，調伏得一個偉大的靈魂若馴羊了。」〔註81〕這「兩位女郎」，其中的「姐姐」形象，應即爲狗姐姐、魚大姐所代表的這愛情副結構中的女子。莫須有先生感歎說：

> 魚大姐是我的什麼人？她的真名實姓到底是那幾個字？這一個字只是一個影射！她是一個好姑娘，誰也趕不上她聰明，常到我的姑母家來玩，所以我們常常在一塊兒，她總是逗得我羞，笑得我窘，她就樂了，然後她就無精打彩，殊是寂寞，以一個極其愛我的眼光瞥我一眼，然後又掉過頭去同別人打岔。她讀的書比我多，見識比我高，常常給了我許多的好意見，我自愧不及。我從不敢說，「魚大姐，我愛──」但是，魚大姐，他是那麼一個傻，而且，你說，這是最招人愛的地方了，你別故意裝個大姐樣兒，跟著大家說我笑我！

〔註82〕

這裡，「一個影射」說明了廢名寫作這個人物的用意所在。從這一段描寫看，魚大姐讀書、見識高，也經常逗莫須有先生，這個人物形象比琴子、細竹有

〔註80〕廢名：《忘記了的日記》，《語絲》1927年4月23日第128期。

〔註81〕廢名：《莫須有先生傳·月亮已經上來了》，《駱駝草》1930年11月3日第26期。

〔註82〕廢名：《莫須有先生傳·月亮已經上來了》，《駱駝草》1930年11月3日第26期。

很大不同。莫須有先生接著寫到在江岸等上水輪船不見、回客店遇到魚大姐（這是《去鄉》中見到萍姑娘的情節），而魚大姐要去杭州攻習書文。後來一起渡江，而魚大姐暈船（這個意境後來廢名挪到《橋》下卷中寫琴子）。之後又遇見魚大姐和她的丈夫，「昏昏沉沉之中，魚大姐好像仔細的認識了我一眼。一切在我差不多是一個顛倒，魚大姐的眼光則向來那麼的是一個虎視，這虎又真個可以招得孩子遊戲」〔註83〕，這一段可以看出魚大姐的性格，一個比較有主見、外向的女生。魚大姐的形象在廢名的人物形象體系中比較豐滿，她表徵著與欲望有關又超脫欲望的內容，與琴子、細竹相比，是更貼近現實生活的女子。廢名對這樣的女性形象，以尊敬、依戀為主，但不是對細竹的那種精神戀愛。

雖然廢名說「魚大姐」「這一個字只是一個影射」，魚大姐背後也有她表徵的內容，如欲望、現實等等，但廢名對這方面探討的興趣不大，他的興趣還在於觀念性的琴子、細竹身上。所以在《橋》中，狗姐姐只在「楓樹」一節及「梨花白」一節的開頭出現，而且「梨花白」中是這樣記錄的：「因為他實在並不能說是思想狗姐姐，狗姐姐簡直可以說他忘記了……所有他過去的生活，卻只有這一日的情形無論如何記不分明，愈記愈朦朧」〔註84〕，這關於狗姐姐的一點微薄的思想在細竹「步進來了，舌頭一探，且笑，又坐下」之後，「頓時他啟發了一個智慧似的，簡直要瞑目深思」，此後狗姐姐在《橋》中就銷聲匿跡了。作為一個與《橋》中的愛情主結構異質的元素，狗姐姐承擔著比較重的分量，但廢名自己對這個人物並未深入探索，所以廢名在愛情問題上關注的核心點還是在琴子、細竹代表的主結構上。

二、廢名思考的兩種可能

（一）爭搶——悲劇

在《莫須有先生傳·這一回講到三腳貓》中，廢名講了一個故事。姊妹兩個愛著一位男子。姐姐很美，妹妹妒忌，於是妹妹給姐姐斟了一杯毒酒。而書生和姐姐一起喝了這杯毒酒，天上電閃雷鳴，妹妹嚇得化為了石頭。這個故事解決衝突的情節設置頗有《哈姆雷特》結局的影子，但這種激烈的衝

〔註83〕廢名：《莫須有先生傳·月亮已經上來了》，《駱駝草》1930年11月3日第26期。

〔註84〕廢名：《橋·梨花白》，《華北日報副刊》1929年10月17日第184號。

突破壞了廢名一貫以來的文章風格，廢名也就讓它只以一個小短章的形式出現在他的作品中。

在《橋》的下卷，廢名讓他的這種思考的可能在某種程度上實現了。大千和小千喜歡同一個男子，即大千的丈夫。

> 細竹拿了小千的日記看，一頁一頁的翻著，她愈看愈對於小千有點不明白，她想小千你為什麼那樣的執著呢？你這豈不是自私嗎？你同大千兩人不是親生的姊妹嗎？……原來大千出嫁了好幾年，丈夫在那年死了，在小千的日記裏這人叫一個「東」字，對於這人小千曾經是一個失戀的女子了。〔註85〕

正如細竹這裡對小千的疑問，小千的佔有欲很強，會和姐姐爭奪喜歡的人。正由於小千凡事要和別人比較、要比別人強，造成了姐姐的不幸。雖然廢名沒有具體寫當時這樣的不幸是什麼樣的表現，但大千一定吃了很多苦頭，所以才會對細竹說：

> 「細竹，你要做我的妹妹，我的命運一定好些。」
>
> 大千說了這句話，不知怎的她覺得她的話說錯了，她們兩人面對面的默著了。細竹聽了這話心裏也並沒有引起另外什麼動靜，她確是默著了。〔註86〕

大千這句話真是雷聲而淵默，讓人的心裏動盪不已。這就是人如果以私欲為主，將帶給周圍人傷害的表現。廢名借小千這個人物反思了愛情的佔有欲問題，來體現他對感情的三角結構另一種可能性的思考。他不忍心破壞他造出來的琴子和細竹的世界，所以只能另外設置人物。

廢名《橋》的下卷沒有寫完。在我看來，廢名這章書其實是要探討女子的命運的。正如他讓細竹說出的那句「女子只有尼庵，再不然就是墳地」，這句話是《橋》下卷的中心句。小千的私欲，一定曾使得姐姐煩惱。而姐夫的去世，小千沒有了可以搶奪的東西，而大千更像月裏嫦娥一樣自己守著自己的影兒，這是廢名對女子在愛情中結局的思考。同時，廢名讓細竹對大千產生認同感，正是廢名用大千、小千探討女子命運意圖的體現。不論是出嫁後丈夫去世的大千，還是未嫁而不願去爭奪愛情的細竹，兩個女子的命運都是

〔註85〕 廢名：《橋（下卷）·螢火》，《文學雜誌》1937 年 7 月 1 日第 1 卷第 3 期。
〔註86〕 廢名：《橋（下卷）·牽牛花》，《文學雜誌》1937 年 8 月 1 日第 1 卷第 4 期。

自己守著自己的影兒。廢名的《橋》沒有寫完，照這個邏輯發展下去，小千最後一定會因瞭悟而忘我，最終與大千、細竹達到同樣的境界。

（二）從尼庵或墳地看女子對命運的選擇

尼庵，象徵著永世的孤單。墳地有兩種，一是生者的墳，一是死者的墳。在細竹第一次說這句話的時候，這個「墳地」當然實指死者的墳。但其實廢名在自己的作品中，「墳地」有時也指生者的墳。比如他常愛引用的李商隱關於嫦娥「碧海青天夜夜心」的詩句，就是將月亮看作嫦娥孤單寂寞的墳地。而這生者的墳，也就和尼庵相通了。而尼庵的結末，也會是一個死者的墳。細竹安慰大千的話表達了廢名對這個問題的看法：

> 大千姐姐，我們每個人都有每個人自己一定的事情，就好比自己有自己的影子一樣，我們再也不可自己糟踏自己，自己就跟自己的影子做伴好了。古人有與日逐影的比喻，我們女子不安命，也同自己逐自己的影子一樣，影子只好天生成一個，如花似葉長相見，如果命不好，自己尊貴自己也還是自己守自己的影兒，──
> ──你說如果心猿意馬再找些別的事情來想不是自己不知自己的尊貴嗎？〔註87〕

廢名這段話並不是說讓女子只是隨命運的播弄。他明確提出「我們每個人都有每個人自己一定的事情」，即讓女子建立起獨立的自我。他用「影子」強調每個人自我的獨特性──不是因為男子而具有獨立性，而是因為自己所擁有的特質，因為影子是每個人自己具有的東西。廢名說的「命不好」不是讓女子自己安命，而是強調女子的「自己尊貴自己」。這裡，女子的命運不再是從「尼庵」到「墳地」的選擇，而是有了「影子」即自我的選擇，這樣就豁然開朗，這提示出廢名關於女子個性或者獨立性的思考。

三、由愛情解脫人我和生死

廢名很多小說的核心問題是探討愛情。他習慣從愛情體悟很多東西。比如在《莫須有先生傳》中有一段這樣的體悟：

> 但我得言我之志，唉，深愧無言之志，──大嫂，我且問你，在我沒有見她以前，依然是世界，世界就不可思議，說空無是處，

〔註87〕廢名：《橋（下卷）・牽牛花》，《文學雜誌》1937 年 8 月 1 日第 1 卷第 4 期。

有亦無是處，並不比人生之墓還可以憑一丘之草去想像，這個境界，於此於何有？於彼於何有？我何從而動尺素之懷呢？……古往今來本就有許多詩人因一時的煙士披里純而趨向於自然原始，特別是關於愛情上面，你看，那樹上的鳥兒，那個胡蝶兒，它是何等的飛得天眞，叫得自由呢？然而人爲萬物之靈，所謂「天眞」，所謂「自由」，只有我們生而爲人者才意識到，也就是我們的理想，凡百有生則完全是一個本能作用而已耳，好比那個胡蝶，它何曾知道自賞它的好看？我知之濠上也。至於許多麻煩，那也實在是沒有法子，其實文化也就在此，原因也未始不簡單，好男兒就衝上前去，求改革，求幸福，而我卻偷偷的把一切之網自綴在身上，也就錯綜得很可觀，還能夠從中練習得一個涅槃，足見其適於生存，善爲變化，仍是自然之通則，而今天還能夠有這樣的好機會同諸位在一起談個話兒，眞是不勝榮幸之至，夫復何言。〔註88〕

廢名號稱要「言志」，而他提問的內容，是討論愛情與世界的關係。愛情之前和之後，世界有什麼樣的變化？他提出詩人因靈感而趨向於自然原始，一些人就衝上去求改革和幸福，比如追求愛情。而他選擇將一切可能自綴在身上，這個比喻說得很玄妙，其意大體是指他在思維中探尋一切可能，同時「從中練習得一個涅槃」，就是要悟道的意思。他並且體認說這也是自然的通則，這些地方體現出廢名思想的特徵——從材料中體悟其後深藏的道理。

爲何愛情會成爲廢名的核心問題？從廢名反覆寫他的這個愛情結構可以看出，在作家心中這是一個結。在現實中既然不選擇「衝上前去，求改革，求幸福」，那麼就在作品中反覆探討愛情的幾種可能形式。因爲在愛情中人的自我可能展現得最徹底，所以廢名會討論私欲與善良的問題，討論命運的問題，討論欲望的問題，甚至會從對一個人的愛中解脫生死的難題。到後來，廢名更是從理智上去思考愛情，也就是說，他關心的不僅是愛情本身，更是愛情背後反映的人的特徵、世界的特徵，所以愛情問題成爲廢名關注的主要問題之一。

〔註88〕廢名：《莫須有先生傳・這一章說到不可思議》，《青年界》1931 年 6 月 10 日第 1 卷第 4 期。

第三章　廢名創作的審美特徵

　　前兩章討論了廢名創作的思想資源和思想特徵，可以看到，廢名創作的一個突出特徵是他的表徵方式。他關注、描寫某一事物，是關注這個事物背後所表徵的東西。這種被表徵物往往是一種思想，或者是一種啟示的東西，指向一些哲學問題，如「人我」、生死、時間等等。廢名是通過他的人物和情節進行瞭悟的。本章在此基礎上進一步討論廢名小說的審美特徵。廢名受周作人科學常識和「人情物理」思想的影響，以此為標準對中國傳統的思想資源進行轉化。同時，他標舉幻想境界，力圖超脫現實的功利一面，追求唯美的藝術境界。他的「女子世界」突出幻想中女子的非功利、大膽有個性的一面，他的「神仙世界」富於人情。廢名的小說可稱為「思想文化型」小說，它體現出廢名對超出現實世界的觀念世界的關注。「思想文化型」小說的文學性依託於作家個人獨特的思考而實現，這一小說類型對於中國現代文學具有啟示意義。此外，廢名大量使用典故字面義的做法使用典這一文學手法發展到了現代的形式。廢名稱用典為「成熟的溢露」，認為中國文章恃典故，這是他在以西方文學為參照時，思考所得的中國文學和思維的特徵。

第一節　廢名的「女子世界」與「神仙世界」

　　廢名多次討論到，中國傳統的文學作品裏有很多習氣，需要經驗才能去除這些沾染，寫成好的作品，廢名借莫須有先生之口討論了這一文學審美觀：

　　中國學文學者不懂得三百篇好不足以談中國文學，不懂得庾信文章好亦不足以談中國文學。這裡頭要有許多經驗，許多修養，然

> 後才能排除成見，擺脱習氣，因爲中國文學史完全爲成見所包圍，
> 習氣所沾染了。有成見，染習氣，乃不能見文學的天眞與文學的道
> 德。庾信文章乃眞能見文學的天眞與文學的道德罷了。一天眞便是
> 道德。〔註1〕

廢名反對中國文學史的成見和習氣，以庾信文章爲理想的文學作品，提倡文
學的天眞與文學的道德。「天眞」則能現文學的「道德」，同時也顯現出文學
的美。廢名根據周作人所說的「科學的常識」與「人情物理」的標準，對文
學的「天眞」與「道德」執著追求，他在作品中通過他的「女子世界」與「神
仙世界」，實踐著他關於文學的審美理想。本節從廢名標舉的「幻想境界」，「女
子世界」所體現的大膽、非功利性，以及「神仙世界」所體現的富於人情來
論述這一問題。

一、標舉「幻想」境界

廢名所標舉的「幻想」境界是以嚴肅認眞的「敬其事之心」爲基礎的。
他在《莫須有先生傳》中曾借莫須有先生之口強調做事需要有嚴肅認眞的態
度：「大凡做一件事就得讓這件事像個樣兒才是道理，帶一點開玩笑的性質都
不要緊，否則我就要罵你，你簡直就不行，簡直就什麼也不懂，是故名爲可
憐愍者！」〔註2〕「敬其事之心」是廢名行事的基本態度。廢名還說「我們雖
不必學著書，卻無妨學這一點安閒的態度，即是預備好好的做工作」〔註3〕，
這些地方都顯現出廢名對待工作的嚴肅認眞態度。

在認眞的基礎上，廢名有時用「幻想」、「幻覺」、「貞操」來形容詩人對
待創作對象的態度。他在《談新詩》中說到他對中國古典詩詞理解時，曾以
溫庭筠和李商隱的作品爲例來說明他對新詩發展的路向的判斷：

> 不過在談溫詞的時候，這一點總要請大家注意，即是作者是幻
> 想，他是畫他的幻想，並不是抒情，世上沒有那麼的美人，他也不
> 是描寫他理想中的美人，只好比是一座雕刻的生命罷了。……因爲
> 他的美人芳草都是他自己的幻覺，因爲這裡是幻覺，這裡乃有一點

〔註1〕廢名：《莫須有先生坐飛機以後·民國庚辰元旦》，《文學雜誌》1948 年 7 月 1
日第 3 卷第 2 期。

〔註2〕廢名：《莫須有先生傳·月亮已經上來了》，《駱駝草》1930 年 11 月 3 日第 26
期。

〔註3〕廢名：《水滸第十三回》，《世界日報·明珠》1936 年 10 月 8 日。

為中國文人萬不能及的地方，我的意思說出來可以用「貞操」二字。
中國文人總是「多情」，於是白髮紅顏都來入詩，什麼「好酒能消光
景，春風不染髭鬚，為公一醉花前倒，紅袖莫來扶」，什麼「此度見
花枝，白頭誓不歸」，這些都是中國文人久而不聞其臭。像日本詩人
芭蕉俳句，「朝陽花呵，白晝還是下鎖的門的圍牆。」本是東洋人可
有的詩思，何以中國文人偏不行。溫庭筠的詞都是寫美人，卻沒有
那些討人厭的字句，夠得上一個「美」字，原因便因為他是幻覺，
不是作者抒情。〔註4〕

這一段話值得好好分析。首先，廢名特意區分「幻想」和「理想」，是為了強
調他的審美標準，即優秀詩人的詩是寫他想像出來的意境的，而非實有的意
境，因此連「理想中的美人」也不夠格了，因為理想還是可以落到現實中的。
而廢名強調一種只在精神中存在的幻想。其次，廢名將這個「幻想」很快和
「貞操」的含義融合，即詩人感情深厚，執著於感情，便易成一種幻想境界。
廢名所引芭蕉的俳句，一開始便是一個感嘆，朝陽花呵，意思是說，你雖然
白天開花（「朝陽」本身便具有嚮往、追求白天的含義），也沒什麼可期盼的，
因為白天裏你也是被下鎖的門的圍牆圍住的。這種深沉的悲哀就不是較為膚
淺的「白髮紅顏」的調子所能涵蓋的。

　　廢名繼續用溫庭筠的「鬢雲欲度香腮雪」、「小娘紅粉對寒浪」、「暖香惹
夢鴛鴦錦」等句來說明他所定義的溫庭筠寫作是「一個人的幻想」：

若「鬢雲欲度香腮雪」決與梳洗的人個性無關，亦不是作者抒
情，是作者幻想。他一面想著金釵明滅，華麗不過的事情，一面卻
又拉來雪與雲作比興，……溫詞另有「小娘紅粉對寒浪」之句，都
足以見其想像，他寫美人簡直是寫風景，寫風景又都是寫美人
了。……「暖香惹夢」完全是作詩人的幻想，人家要做夢人家自己
不知道，除非做了一個什麼夢醒來自己才知道，而且女人自家或者
貪暖睡，至於暖香總一定已經鼾呼呼的，暖香或者容易惹夢，惹了
夢，暖香二字卻一定早已不在題目範圍之內，總之這都是作詩人的
幻想暖香惹夢罷了。夢見了夢他偏不說，這個不是夢中人當然不能
知道，然而「暖香惹夢鴛鴦錦」，於是暖香惹夢鴛鴦錦比美人之夢還

〔註4〕廢名：《談新詩‧已往的詩文學與新詩》，《廢名集》，王風編，北京大學出版
社2009年版，第1635～1636頁。

－93－

要是夢了。世上難裁這麼美的鴛鴦錦。所以我說溫庭筠的詞都是一
個人的幻想。〔註5〕

廢名這裡強調溫庭筠這句詞不是「抒情」而是「幻想」，是想說明溫庭筠這裡
這番描寫功夫的性質。廢名強調溫庭筠寫的「暖香惹夢」不是夢中人自己能
寫的句子，如「鴛鴦錦」一般的夢境也不是旁觀的人能看到的景象，所以「暖
香惹夢鴛鴦錦」一句完全是溫庭筠擬想的一個情境。他在分析李商隱的《曼
倩辭》時也說道：

詩人做詩又是一回事，等於做夢，人間想到天上，天上又相思
到人間，說著天上乃是人間的理想，是執著人間也。……大凡理想
的詩人，乃因爲他凡人的感覺美，說著瑤池歸夢，便眞個碧桃開靜
矣。說著嫦娥夜夜，便眞個月夜的天，月夜的海，所謂「滄海月明
珠有淚」，也無非是一番描寫罷了。最難是此夜月明人盡望，他卻從
滄海取一蚌蛤。〔註6〕

廢名在這裡說的「幻想」、「理想」，首先說的是詩人的描寫功夫，即不是簡單
抒情，而是想像一個情境而描寫之，這就避免了論述或議論的抒情這樣一種
較爲粗淺的調子。其次，詩人對自己所寫的情境要有執著深厚的感情，才能
將那個情境寫得美麗。這是廢名審美標準的第一個內容。

二、「女子世界」：非功利、大膽有個性

廢名在《燈》中寫道：

自從有一天，

是一個朝晨，

伊正在那裡照鏡，

我本是遊戲，

向窗中覰了這一位女子，

我卻就在那個妝臺上

彷彿我今天才認見靈魂。〔註7〕

從這首詩可以見出「女子世界」的啓發意義。廢名的作品中，女子形象及其

〔註5〕廢名：《談新詩·已往的詩文學與新詩》，《廢名集》，第 1637～1638 頁。
〔註6〕廢名：《神仙故事（二）》，《世界日報·明珠》1936 年 11 月 29 日第 60 期。
〔註7〕廢名：《燈》，《廢名集》，第 1528～1529 頁。

行止具有十分重要的意義。她們既是廢名作品的主要人物，又是寄託了廢名的審美理想、體現出廢名審美觀的重要元素，體現出廢名作品的一些重要特徵。

（一）廢名關於「女子世界」的理念

廢名經常在創作談中說到女子和孩子的世界對於他創作的巨大意義。在小說和新詩中，廢名不僅在塑造女性形象上煞費心力，更常常直接感歎女子世界的神奇力量。

女子世界對於廢名的巨大意義首先在於它的啓發性。從廢名的一系列小說可以概括出廢名反覆申述的一些主題。正如第二章所論述的，主題之一是一個相對固定的人物關係模式，即主人公和他從小定親的妻，以及從小一起長大的十分親密的女伴。由於定親後會有避嫌，所以從小青梅竹馬、長大後也最所牽掛的女伴，不是妻子，反而是親密的小友。所以廢名的短篇小說中，《柚子》、《鷦鴣》是對柚子一生顛簸的唱歎和牽掛；長篇小說《橋》中，所有最玲瓏剔透、永瞻風采的意象，都給了細竹，而不是琴子。在《橋》的上篇，廢名會寫到琴子的愛中有時飛來一個「妒」的影子；《橋》的下篇，廢名還借大牛、小牛兩個人物探討了打破外在規約情況下的可能，結果是悲劇。這些反覆申述的故事體現出廢名常所縈懷的一個主題，這給了廢名創作以原型和材料。主題之二是一系列聰明懂事的女子。從《竹林的故事》中的三姑娘，到《桃園》中的阿毛，女子都是安靜懂事的、寬容的。三姑娘爲了陪伴媽媽、不看正二月間城裏的賽龍燈，阿毛在臨死前也只有小小的一個想吃桃子的願望，都體現出女子世界的善與美。這是廢名寫作的關鍵點所在。

廢名在《紡紙記》中說：

> 不知怎的我總覺得這位狐狸是頂懂得愛情的人，前生也一定還是一個女子，五百年的修煉又變一個好看的女人來替女人報仇，所以身邊別無武器，有一面鏡子，……連醜婦效顰都比你們列女傳做得有意思多了。〔註8〕

這裡廢名將他的創作偏愛說得十分清楚。廢名喜愛美麗果決的女子，她的武器可以只是鏡子，她頂懂得愛情。「醜婦效顰」比《列女傳》有意思得多——

〔註 8〕廢名：《紡紙記》，《新月》1933 年 3 月 1 日第 4 卷第 6 期。

即使效顰的效果不好，這愛美、向美的行為本身也很有意思。從現代觀點看，載道的《列女傳》在很大程度上壓抑了人的情感和性格，在文學上沒有什麼意義。這些地方都透露出廢名在審美上的執著追求。

廢名在《中國文章》裏說：「中國文章裏簡直沒有厭世派的文章，這是很可惜的事。……中國人生在世，確乎是重實際，少理想，更不喜歡思索那『死』，因此不但生活上，就在文藝裏也多是凝滯的空氣，」〔註9〕也正是在《橋》裏，廢名的化身小林說：「厭世者做的文章總美麗」，卻又對琴子和細竹說：「你們我想不至於抱厭世觀，即如天天梳頭，也決不是可以厭倦的事。」〔註10〕

這幾段話綜合起來看，可以梳理出廢名的思路。如果完全厭棄世上的一切，那就不會留戀美麗的文章，梳頭也不會令人不厭倦。所以廢名所說的厭世，指的是厭棄實際、厭棄世俗，原因是功利的世俗生活中缺少理想。所以廢名揄揚「厭世派」的文章，因為厭棄世俗，才能追求理想、追求文藝上的美麗。而女子梳頭是很美麗的，所以廢名才說天天梳頭就不會「厭世」了。美是支撐廢名世界的柱石。

因此，廢名在《女子故事》中頻頻引用李商隱的詩：「未免被他褒女笑，只教天子暫蒙塵」、「巧笑知堪敵萬機，傾城最在著戎衣。晉陽已陷休回顧，更請君王獵一圍」、「梁王司馬非孫武，且免宮中斬美人」、「景陽宮井剩堪悲，不盡龍鸞誓死期。腸斷吳王宮外水，濁泥猶得葬西施」〔註11〕……這些詩句有一個共同特點，就是無視世俗社會的功利價值。死且不怕，就可以肆意追求美麗和性格的張揚了。這是在文學上的張揚。

廢名有一首詩寫道：「我在女人的夢裏寫一個善字，我在男子的夢裏寫一個美字，厭世詩人我畫一幅好看的山水，小孩子我替他畫一個世界。」〔註12〕廢名這首詩的邏輯是，缺少什麼我就給予什麼。這裡反映出廢名的想法：女子缺少善，男子缺少美，厭世詩人就給他讓他不厭世的東西，小孩子可以得到一個世界。為什麼廢名在這裡會認為女子缺少善呢？原因是廢名在這裡寫的是世俗中的女子、現實中的女子，他認為她們缺少他理解的善。這裡也透露出一個重要信息，廢名在作品中塑造的女子，都不是現實中的女子，是寄託了廢名理想的女子。厭世詩人給他什麼呢？給他「好看」的山水。山水是

〔註9〕 廢名：《中國文章》，《世界日報·明珠》1936年11月6日第37期。

〔註10〕 廢名：《無題之十八 一》，《語絲》1928年11月12日第4卷第44期。

〔註11〕 廢名：《女子故事》，《世界日報·明珠》1936年11月15日第46期。

〔註12〕 廢名：《夢之二》，《廢名集》，第1513頁。

非人爲的東西，而且是「好看」的山水，這裡體現出廢名用以拯救世俗、厭世的良藥是「美」。

（二）廢名的「女子世界」由幻想中的女子構成

關於「幻想中的女子」，廢名在分析溫庭筠等作家的詩詞時作了詳細討論，體現出廢名自己的審美追求。廢名在《談新詩》中說：

> 我再舉一首《過楚宮》七言絕句，「巫峽迢迢舊楚宮，至今雲雨暗丹楓。微生盡戀人間樂，只有襄王憶夢中。」他用故事不同一般做詩的是濫調，他是說襄王同你們世人不一樣，乃是幻想裏過生活哩。〔註13〕

這段話把廢名的審美觀說得很徹底。廢名所說的「幻想」是鎔鑄了作家生命的一個雕塑。專注於美的作家，不依戀於現實生活中的題材和意象，而是忠於自己的一種審美理想。因此，這種幻想中的女子，往往凝注了作者在精神上的認可和追求；這種幻想中的感情，往往特別執著，因爲在現實世界中無所依憑而特別顯得專一和有操守。所以，廢名會稱揚襄王的依戀夢中美人，會用「貞操」來形容溫庭筠所創造的審美世界。

廢名在自己的創作中實踐了這一審美理想。他的短篇小說《柚子》、《浣衣母》、《初戀》、《阿妹》、《鷓鴣》、《竹林的故事》、《浪子的筆記》、《菱蕩》中的女子都如璞玉般眞純，心地良善，幾乎不與現實世界發生任何功利上的關係。在他成熟時期的作品《橋》中，這一點表現得尤其明顯。細竹和琴子這兩個人物，可以說寄託了廢名對善與美的理想。她們純粹是精神性的存在，從她們身上可以看出廢名的審美追求。從這個角度，廢名塑造的女子形象，承載著很重的文化內容。所以她們與小林進行的一場場審美鑒賞和參禪悟道，都是瞭解廢名審美觀的鑰匙。廢名借莫須有先生之口說自己「偷偷地把一切之網自綴在身上，也就錯綜得很可觀」，這是廢名從傳統文學資源中吸取他認爲有建設性內容的一個夫子自道。從這些地方可以探尋廢名審美觀的內核。

廢名對女子美的高度讚賞中，也充滿著自省和自嘲的意味。如廢名在《莫須有先生坐飛機以後》中批評小學生抄襲魯迅的《秋夜》時說：「夫賈寶玉並不一定討厭，只是因爲他將女人比作水做的，於是個個人崇拜女子，有些肉

麻，故賈寶玉令人生厭了。」但其實廢名在寫「女子世界」時受《紅樓夢》的影響很明顯。除細竹、琴子這兩個人物的設置類似黛玉、寶釵以外，廢名也常在作品中引用《紅樓夢》中的意境和典故。所以，廢名這裡對賈寶玉的「生厭」，與他自己一貫的審美觀是相合的。因爲他討厭濫調，強調作家在運用已有的文學資源時要化腐朽爲神奇，所以他對自己推重女子會否是襲用《紅樓夢》而成爲濫調是有警惕的。而他也自信有與《紅樓夢》不同的關於女子美的理解。我認爲廢名創造的女子的理想世界與《紅樓夢》中的女子世界不同的核心在於廢名並不像曹雪芹那樣要寫出「半世親睹親聞的這幾個女子」，雖然曹雪芹所寫的女子也有幻想的成分，但廢名的人物與思想精神的結合特別緊密。從這一點上，可以將廢名的小說稱爲「思想文化型」小說。

（三）廢名的審美觀與當時的環境

在 30 年代，左翼文學運動如火如荼開展的時候，廢名「十年造橋」意味著什麼呢？

廢名對他所處的思想文化環境一直非常關注。從 1926～1927 年間他的《死者馬良材》、《給陳通伯先生的一封信》、《狗記者》、《俄款與國立九校》、《共產黨的光榮》，1930 年他多篇《閒話》和《國慶日之朝》等散文可以看出，廢名對當時的政治和言論形勢很關心，並且見解激烈。其中 1925 年廢名寫給徐炳昶的《通訊》尤其體現出廢名對思想文化的關注。廢名說：

> 所以目下最要緊的，實在是要把腦筋還未凝固，血管還在發熱
> 的少數人們聯合起來繼續從前《新青年》的工作。現在雖說有許多
> 周刊，我敢斷言都是勞而無功。幾乎近於裝點門面。尤其不必做的，
> 是那些法律政治方面的文章，因爲我們既不要替什麼鳥政府上條
> 陳，也無需爲青年來編講義，——難道他們在講堂上沒有聽夠嗎？
> 我們要的是健全的思想同男子漢的氣概，否則什麼主義，什麼黨綱，
> 都是白說，——房子建築在沙地上，終久是要倒閉的。〔註14〕

從這段話可以看出，1925 年時，廢名與魯迅《吶喊》的觀點很接近，認爲培育健全的思想，才是對當時中國最有意義的工作。廢名也一直以思想文化建設爲目標。到 1930 年辦《駱駝草》時，發刊詞中明確提出「不談國事」、「文藝方面，思想方面，或而至於講閒話，玩古董，都是料不到的，笑罵由你笑

〔註14〕 馮文炳：《通訊》，《猛進》1925 年 3 月 27 日第 4 期。

罵，好文章我自爲之，不好亦知其醜，如斯而已，如斯而已」，〔註15〕雖然謙
稱「如斯而已」，但「好文章我自爲之」的自負顯而易見。而且，廢名對「不
談國事」有一個說明：「既然立志做『秀才』，談幹什麼呢？」〔註16〕可見，
廢名不是不關心國事，而是認定「秀才」可以做的工作對當時的環境是有意
義的，他也自認爲這個工作是他該當要做的工作。所以，廢名的「十年造橋」
是在這個意義上被理解的。廢名的這個思想變化軌跡與同時期的老師周作人
有很大關係，本文不展開了。

在這個意義上，廢名將女子美提升到極高的位置，大有深意。首先是女
子美給廢名以靈感。除了本文第一部分的論述外，廢名的《無題》詩也給了
這一點以寫照：「夢中我夢見人間死了，這個境界正好比一個夢，伊手上還捏
一個東西在那裡玩，偷偷我看了一眼，正是伊給我的光明。」〔註17〕其次有
反「文以載道」的意味。廢名是新文學的作家，在《莫須有先生坐飛機以後》
中廢名多處提到新文學與八股文作家的區別在於言志與載道。這裡的志與
道，可以作一般意義上的「個人之志」與「聖人之道」的理解。廢名並不是
不體道，但他的體道完全是個人性的，不是人云亦云的。這也是對古典傳統
中太多文統、道統之辨而歸根結底是習氣和權力爭鬥的污濁空氣的反撥，所
以廢名會接近執拗地不顧一切其他世俗標準，在作品中執著追求女子美的價
值，一再稱揚女子世界的神奇，甚至連女子的身邊之物也都具有神奇的力量：

　　　起初他看得琴子站在水上，清流與人才，共爲一個自然，聯想
　　到「一衣帶水」四個字，……慢慢他笑道：

　　　　「我記得一個仙人島的故事，一位女子，同了另外一個人要過
　　海，走到海岸，無有途徑，出素練一匹拋去，化爲長堤——我總覺
　　得女子自己的身邊之物，實在比什麼都現實，最好就說是自然的意
　　境，好比一株樹隨便多開一朵花，並不在意外，所以，這個素練成
　　堤，連鵲橋都不如。」〔註18〕

將琴子身邊的清流聯想爲琴子的衣帶，進一步想到女子的素練化爲長堤的故
事，且認爲這個長堤勝過「金風玉露一相逢」的鵲橋；廢名將女子的身邊之
物比作自然的意境，將其比喻爲一株樹「隨便」多開一朵花。其實在這個比

〔註15〕廢名：《《駱駝草》發刊詞》，《駱駝草》1930 年 5 月 12 日第 1 期。
〔註16〕廢名：《《駱駝草》發刊詞》，《駱駝草》1930 年 5 月 12 日第 1 期。
〔註17〕廢名：《無題》，《廢名集》，第 1559 頁。
〔註18〕廢名：《橋（下卷）‧荷葉》，《學文》1934 年 6 月 1 日第 1 卷第 2 期。

喻裏，「隨便」是非常了不得的一個詞——這個花開得毫不費力氣，非常有力量，而且有風致。這就是廢名對女子身邊之物所懷的崇敬之情。所以《橋》中的小林以一種驚異的態度面對琴子和細竹的種種容止，《莫須有先生傳》中的莫須有先生對房東太太的外甥女也表現出手足無措的神態。這也正與廢名在《女子故事》末尾引用《聊齋誌異》裏葛巾玉版的故事形成一個呼應：女子以及女子的身邊之物具有神奇而強大的力量。

　　廢名對女子世界寄寓的強大感情，在他作品中處處可以找到例證。他的女子世界是他幻想中的女子世界，是他審美理想的一種形象性轉化。廢名在民國時期的思考對當下的文學創作具有啟示。首先是在文學潮流翻湧的 30 年代獨立思考、探索自己的審美品格，這種執著追求有著「舉世譽之而不加勸、舉世非之而不加沮」的精神。也只有具備這種精神，才可能穿過現象、把握到事物的內在核心，使文學藝術在已有的基礎上進步。其次，廢名對中國古典傳統中的一些思想資源做出個人思考，經過自己的鎔鑄而有所揀擇，發掘出它們在文學和審美上的新意義，這對於古典思想資源的傳承和轉化具有啟示意義。王國維提出學問不分古今中西，對文學資源的繼承和發展也應不分古今中西，重要的是經過作家個人的思考而做出有創造力的現代轉化。在廢名的「女子世界」中，廢名讓女子承載起中國傳統思想中的一些審美理想，創造出思想文化型的人物形象，這一嘗試富有啟發意義。

三、「神仙世界」：人情

　　廢名的神仙世界，是落實於人間的理想的。他讚賞李商隱寫神仙詩的句子「聞道神仙有才子，赤簫吹罷好相攜」說，別人一般說某人是謫仙，而李商隱會寫神仙中也有才子。牛郎織女的故事，也格外見出神仙的人情：織女彷彿也要擔心牽牛的嫉妒了。還有東方朔和嫦娥的典故，見出東方朔對人間女子的喜愛、他的調皮。嫦娥的故事見出女子的寂寞，碧海青天夜夜心的寂寞。夸父逐日，這種執著追求讓人喜愛，化為鄧林的故事也讓人覺得很美好。還有「鮫綃休賣海為田」的擔心，馮夷讓鮫人不要賣綃了，因為海都要沒有了……此外，「星沉海底當窗見，雨過河源隔座看」，寫得多麼見氣魄：星運行到海底，我在窗前看見；天上黃河的源頭落雨了，我隔著座位看到。詩人的想像上天入海。這些都是詩人的大膽。

　　這些地方把神仙都寫得富於人情，十分可愛。所以廢名說李商隱對於人

間的感情很濃烈，非得跑到天上去表達不可。因爲人間沒有那麼凝練的意象，所以用神仙的境界寫人間的感情，這是廢名一個十分重要的文筆。可以見其理想的文心。

以廢名所寫的嫦娥意象爲例，這個意象也與「女子世界」有關。廢名寫嫦娥，受到李商隱的影響很大。李商隱寫嫦娥是著重寫嫦娥的孤單的，即「碧海青天夜夜心」，很體貼，富於人情。廢名在「月亮－墳－嫦娥」三者之間建立了聯繫，並建立了一個對應的結構：「小船－海上的墳－細竹」。李商隱的「月亮－嫦娥」意象也是李商隱對女道士生活的一種比方，他還有寫萼綠華、杜蘭香的詩，寫宮人學道的詩，寫的都是那一種不自由、寂寞的生活。如「星使追還不自由，雙童捧上綠瓊輈」〔註 19〕，這樣的生活有著濃重的「墳」的氣氛。廢名有更進一步的聯想，想從海裏漂到天上去，想將碧海和青天這兩面鏡子連通起來。這就牽涉到另一個庾信和李商隱都關注的典故，織女支機石的典故。這一處典故出於《荊楚歲時記》：「漢武帝令張騫使大夏尋河源，乘槎經月而去。至一處，見城郭如官府，室內有一女織。又見一丈夫牽牛飲河，騫問云：『此是何處？』答曰：『可問嚴君平。』織女取支機石與騫而還。後至蜀，問君平，君平曰：『某年月日，客星犯牛斗。』記年月，正此人到天河時也。」〔註 20〕這是前代人將黃河、大海與天河（天上）聯繫起來的努力。而廢名在這裡是如何改造這個典故的呢？

先從織女支機石說起。這個典故曾引起庾信的興趣，有《見征客始還遇獵》：「……故人迎借問，念舊始依依。河邊一片石，不復肯支機。」〔註 21〕到了李商隱《海客》裏成爲：「海客乘槎上紫氛，星娥罷織一相聞。只應不憚牽牛妒，聊用支機石贈君。」〔註 22〕庾信的詩述的是家中織女之情，希望征客早一點歸家；到了李商隱的詩中，李商隱想到了織女有贈與，則牽牛有可能會「妒」——這樣的寫法確是將神仙寫得充滿人情。當然李商隱寫這句詩是別有深情的，注釋家們有的說「牽牛」是令狐綯、「織女」是李商隱、「君」

〔註 19〕李商隱：《和韓錄事送宮人入道》，劉學鍇、余恕誠編著：《李商隱詩歌集解》，中華書局 1988 年版，第 309 頁。

〔註 20〕宗懍著，姜彥稚輯校：《荊楚歲時記》，嶽麓書社 1986 年版，第 43 頁。

〔註 21〕庾信：《見征客始還遇獵》，倪璠注：《庾子山集注》，中華書局 1980 年版，第 212 頁。

〔註 22〕李商隱：《海客》，劉學鍇、余恕誠編著：《李商隱詩歌集解》，中華書局 1988 年版，第 637 頁。

是王茂元⋯⋯不一定要坐實成這樣，但這個句子含蓄地表達織女的微妙處境，可能確實有對當時情境的某種暗示的意思——在牛李黨針鋒相對的情況下詩人的處境。而廢名完全不考量李商隱可能的言外之意，只從字面意思解詩，這是廢名對庾信、李商隱等多位詩人用典的理解的特點所在，這一點將在第三節詳細分析。廢名在作品中對織女的支機石沒有做特別的引申，《莫須有先生傳》中他寫到：

> 嗟夫銀漢，好像姑娘的一匹布，上帝叫我走到這裡，長嘯兩三聲。似曾相識彼岸之在望，無可奈何流水之無情。徹底澄清，羨魚沒有。飄飄蕩蕩，也不流紅。玉容空想像——但願人長久。
>
> 我無論在哪裏總喜歡有一個「人」字。賦得公毋渡河也。李白橫江詞恐怕受了一點影響，然而版圖不同，天河你總聽見說過。做詩填詞總要有境界。〔註23〕

這裡廢名一定想到了庾信和李商隱所用的織女與支機石的典故，但他只是寫到銀漢、姑娘的一匹布、自己走到此處，但沒有進一步向織女致意或說話，也沒有把那一片石頭帶到自己的筆下。在《橋》的第三卷，廢名曾以玩笑的口氣讓細竹抗議說倘大千、小千是「大牽牛」、「小牽牛」，細竹不就要一個人做織女了麼。他還把細竹的生日也寫作七月七日，但廢名後來沒有進一步對細竹與「織女」的聯繫作發展了，其內容遠遠不及他將細竹比作嫦娥時的相關聯想豐富。我想，織女之所以不如嫦娥那樣引動廢名的注意，因爲它與廢名對女子的「尼庵與墳地」的想像並不很相同。廢名在這些方面選擇的標準是很嚴格的，他喜愛絕世的孤單的情境。

與「絕世的孤單」並行的，是外部世界的滄海桑田。麻姑滄海、鮫人賣綃，是廢名關注的另一類重要的神仙典故。「鮫人賣綃」之所以能和「麻姑滄海」放在一起，因爲廢名關注的「鮫人賣綃」是李商隱詩中「瞥見馮夷殊悵望，鮫綃休賣海爲田」的「鮫人賣綃」，是「海中行復揚塵」的「鮫人賣綃」，是世事的變幻。李商隱關於麻姑滄海的詩句很多，如「欲就麻姑買滄海，一杯春露冷如冰」、「直遣麻姑與搔背，可能留命待桑田」，表達的都是面對世事的變化多端，「樹猶如此，人何以堪」之意。

廢名將「嫦娥故事」與織女故事聯繫起來了。廢名在散文《神仙故事

〔註23〕廢名：《莫須有先生傳》，開明書店 1932 年版，第 107 頁。

（一）》、《神仙故事（二）》中談論了神仙典故。前一篇中，廢名區分了兩種不同的用神話典故的方法：屈原以神話典故為辭藻（代詞），以及庾信、李商隱含有人情及幻想／理想的用典。後一篇中，廢名主要就李商隱寫東方朔的《曼倩辭》立論，詳細分析了李商隱如何在已有材料的基礎上創造，合成「事實上有此可能，故紙堆中總沒有」的「又向窗中覷阿環」的新意，總結為「總之詩人做詩又是一回事，等於做夢，人間想到天上，天上又相思到人間，說著天上乃是人間的理想，是執著人間也。」〔註24〕這段話讓我們想到廢名在《新詩問答》中說李商隱愛用嫦娥與東方朔典故的一段論述：「大約前者象徵理想，後者象徵現實，所以他說『竊藥偷桃事難兼』。這還近乎表面的說法，」〔註25〕，但《新詩問答》中關於這個問題他只這麼提了一下，接著就討論別的問題了。直到《神仙故事（二）》，廢名才接著《新詩問答》的這句話繼續分析，說李商隱「說著天上乃是人間的理想，是執著人間也」。也就是說，無論李商隱寫嫦娥，還是寫東方朔，都是詩人執著於人間的理想境界。因為是人間的理想境界，是很難達到的，所以要寫到天上去了。李商隱的神仙世界與他的人間理想是同一個東西。

在廢名的作品中，東方朔偷桃的身手在「我學一個摘花高處賭身輕」中不覺流露出來（雖然「摘花高處賭身輕」出自吳梅村的一首詩，而這裏面隱約有東方朔的狡獪）。這個偷桃的小孩子還出現在小林因琴子細竹換了衣服而引起的桃花桃頰的聯想中，後來在《莫須有先生傳》中直接出現了：「你老人家完全是一個寫實派，一說又說到事實上去了，我們以後可不要這樣。我看你又很是一個道德家，又很有點兒反抗精神，我呢我可不這樣想，摘果子而說偷，我很有一個妙不可言，一口咬了卻大殺風景。前朝有個東方朔小孩子你曉得嗎？他跑到王母娘娘的花園裏，大施其狡獪，我簡直想拿他來編一本戲哩，將來成功了一定請你看。」〔註26〕這段話提示我們幾個信息：其一，廢名對於「東方朔偷桃」的典故是用得很好玩的，沒有很多深意存焉。其次，「偷桃」的相關典故是故事性比較強的，廢名覺得拿它來編成情節性故事比直接使用這個典故效果更好（所以廢名用「東方朔偷桃」的典故是用得好玩的）。其三，「寫實派」、「事實」、「道德家」等等於神仙故事是有損的，神仙

〔註24〕廢名：《神仙故事（二）》，《廢名文集》，東方出版社2000年版，第202頁。

〔註25〕廢名：《新詩問答》，《廢名文集》，東方出版社2000年版，第142頁。

〔註26〕廢名：《莫須有先生傳》，開明書店1932年版，第27頁。

故事要能超脫出這些世俗標尺的羈絆，才可能寫得好。這些地方都顯現出廢名關於「神仙世界」必須富於人情的思考。

第二節 「思想文化型」作品的審美特徵

廢名曾想將他的長篇小說《橋》命名爲《塔》，他在《橋》的《序》裏說：

> 這一卷裏面有一章題作「塔」，當初也想就以塔做全書的名字，後來聽說別人有書曰「塔」，於是乃定名曰橋，我也喜歡塔這個名字，不只一回，我總想把我的橋岸立一座塔，自己好好的在上面刻幾個字。〔註27〕

「塔」在佛教中是高僧的埋骨建築。《壇經》中記載，「大師先天元年於新州國恩寺造塔，至先天二年七月告別」〔註28〕，廢名欲定小說名爲《塔》，以至於改名爲《橋》之後還想「在橋岸立塔，在上面刻幾個字」，這些地方反映出廢名的一種意圖，即將已寫的小說作爲他的形骸或者說思想的供奉。「塔」這個名字在這裡頗具象徵意味。聯繫周作人作於 1925 年的《十字街頭的塔》：

> 別人離了象牙的塔走往十字街頭，我卻在十字街頭造起塔來住，未免似乎取巧罷？……老實說，這塔與街本來並非不相干的東西，不問世事而縮入塔裏原即是對於街頭的反動，出在街頭說道工作的人也仍有他們的塔，因爲他們自有其與大眾乖戾的理想。總之只有預備跟著街頭的群眾去瞎撞胡混，不想依著自己的意見說一兩句話的人，才眞是沒有他的塔。〔註29〕

周作人是將「塔」與「街」相對而言來說明他純粹藝術的態度，捨去這個語境中的具體含義，「塔」是象徵著與大眾不同的個人自己的理想。這也正是深受周作人影響的廢名要對文學藝術作出自己獨特思考的態度。綜合兩者，廢名這裡所欲擬定的題目即顯示出廢名創作的思想文化型特徵。同時，改名後的《橋》也有著從此岸渡到彼岸之意，同樣顯現出很強的思想文化指向。

〔註27〕廢名：《無題之二》，《語絲》1926 年 4 月 26 日第 76 期。
〔註28〕慧能著，郭朋校釋：《壇經校釋》，中華書局 1983 年版。
〔註29〕周作人：《十字街頭的塔》，止菴校訂：《雨天的書》，河北教育出版社 2002 年版，第 72 頁。

從前兩章的分析可以看出，由於廢名的作品往往是某種思想資源的表現，而他所關注的意象又往往指向意象背後的思想系統，所以可以將廢名的作品稱為「思想文化型」的作品。這體現出廢名的審美特徵。

一、「思想文化型」作品的文學性

在現代文學史上，「觀念先行」曾造成許多文學作品在藝術上的失敗，那廢名的「思想文化型」作品如何保證它的文學性呢？首先，廢名的「思想文化型」小說所描寫和表現的思想文化，是廢名發自內心的個人體悟。不論是從先秦儒家和道家拿來的思想資源，還是賦予某個日常意象以豐富的思想文化內涵，這種思考都是廢名個人的體悟、感知所得，這就與現代文學史上「載他人之道」的「概念化」作品有了明顯的區分。

廢名對傳統思想資源轉化的標準，首先受周作人關於科學的常識和人情物理的思想影響，對於傳統資源本身是否具有審美元素也有考量。其次要找到觀念的合適載體。對廢名所選用的思想資源背後的審美追求可以作更進一步的分析。

雖然現當代文學史說沈從文、汪曾祺受廢名影響，但沈從文基本不關注表象背後的精神結構，他是對自然和生命的歌頌者。以廢名推崇的周作人為例，他是關心個人主義的人間本位主義的作家，他關心的是此岸人們的生活，很少超脫到玄虛的境地裏去。俞平伯沉湎於傳統的文學態度，也不是廢名這樣重體悟的思考和感受方式。因此，廢名的「思想文化型」作品就更加具有被思考的價值。

（一）標準之一：「科學常識，加上明淨的感情與清澈的智理」
　　　　的人生觀

廢名在吸取中國傳統資源時，會從這個標準先經過一個衡量。從他對於女子故事和神仙故事的態度就可以看出這個標準。而這是受到周作人影響的。周作人在《雜拌兒之二跋》中評論《浮生六記》「大抵敘事物抒情緒都頗出色，其涉及人生觀處則悉失敗也」後對俞平伯的《雜拌兒之二》作了很高的評價，顯示出他對現代散文所應具有的思想的觀點：

> 這是以科學常識為本，加上明淨的感情與清澈的智理，調合成
> 功的一種人生觀，以此為志，言志固佳，以此為道，載道亦復何礙。

「此刻現在」，中古聖徒遍於目前，欲找尋此種思想蓋已甚難，其殆
猶求陶淵明顏之推之徒於現代歟。〔註30〕

周作人消弭了「言志」和「載道」的界限，而單獨提出來「以科學常識爲本，
加上明淨的感情與清澈的智理，調合成功的一種人生觀」，以與「中古聖徒」
相區分。這裡的「科學常識」，有很多端倪顯示出周作人受到藹理斯的啓示。
周作人在《藹理斯的話》中說：

　　其最大著作總要算是那六冊的《性的心理研究》，這種精密的研
　究或者也還有別人能做，至於那樣寬廣的眼光，深厚的思想，實在
　是極不易得。我們對於這些學問原是外行人，但看了他的言論，得
　到不少利益，在我個人總可以確說，要比各種經典集合起來所給的
　更多。但是這樣的思想，在道學家的群眾面前，不特難被理解，而
　且當然還要受到迫害，……唯在常識完具的成人，看了必有好處；
　道學家在中國的流毒並不小於英國的清教思想，所以健全思想之養
　成是切要的事。〔註31〕

周作人將藹理斯《性的心理研究》給予他的影響認定爲「要比各種經典集合
起來所給的更多」，原因在於它「寬廣的眼光，深厚的思想」，對於「常識完
具的成人」「必有好處」，這正在於科學的常識思想才是真正道德的基礎。

　　而「明淨的感情與清澈的智理」，周作人也並沒有作進一步的分析。從字
面上看來，「明淨」兼具理智與純粹兩種含義，「清澈」說的也是純粹。周作
人大體是指要以清明的感情與理智，結合科學的常識，鍛鍊成功一種人生觀。
以此人生觀去言志或者載道，都可以寫出美麗的作品。

　　廢名正是受到這種思想的影響，這是他在對中國傳統思想和文學資源進
行選擇時的立足點。

（二）標準之二：非功利的審美追求

　　寫作「思想文化型」作品時，非功利的審美追求是重要的標準。這裡所
說的「非功利」，是廣義的「非功利」，即康德《判斷力批判》關於鑒賞的定
義中所說明的：「鑒賞是通過不帶任何利害的愉悅或不悅而對一個對象或一個

〔註30〕周作人：《雜拌兒之二序》，止菴校訂：《周作人自編文集·苦雨齋序跋文》，
　　　　河北教育出版社 2002 年版，第 120～121 頁。
〔註31〕周作人：《藹理斯的話》，止菴校訂：《周作人自編文集·雨天的書》，第 88～
　　　　89 頁。

表象方式作評判的能力。一個這樣的愉悅的對象就叫作美。」〔註 32〕這就區分了美與政治、善等範疇的距離。

　　非功利的態度，首先表現在美與社會政治的關係。廢名在《〈周作人散文鈔〉序》中說明：

　　　　在「五四」以後中國的社會運動發軔的時候，我正是一個青年，時常有許多近乎激烈的思想，彷彿新時代就在我們的眼前，那時同豈明先生見面談話的材料差不多總是關乎實際問題的居多，我的有些意見他是贊同的，有些意見他則每每唯唯，似乎他不能與我同意，但也不打破我的理想。事實終於是事實，我隨著中國的革命而長了若干年歲，這裡頭給了我不少的觀察與參照，有一天我忽然省悟豈明先生信任歷史的態度，從此我自己關乎中國的事情好像能夠有所知道。〔註 33〕

這種由於對中國革命的觀察和參照而自覺「新時代」之不可能的思想，使廢名保持了對社會政治的距離。這也表現在他的文學作品中刻意對美與政治進行區分，如廢名在描寫古代大膽的女子時，對褒姒等女子特別偏愛這一點就可以看出，他的審美追求是超越於現實政治的功利性之上的。

　　非功利的態度，其次表現在對於「道德」的疏離。廢名自己在《知堂先生》一文中說：

　　　　再記起去年我偶而在一個電影場上看電影，係中國影片，名叫《城市之夜》，一個碼頭工人的女兒爲得要孝順父親而去做舞女，我坐在電影場上，看來看去，悟到古今一切的藝術，無論高能的低能的，總而言之都是道德的，因此也就是宣傳的，由中國舊戲的臉譜以至於歐洲近代所謂不道德的詩文，人生舞臺上原來都是負擔著道德之意識。當下我很有點悶窒，大有呼吸新鮮空氣之必要。這個新鮮空氣，大約就是科學的。〔註 34〕

廢名這裡所說的「道德」，指的是不符合人情物理（科學常識）的道德禮俗，他稱其爲「宣傳」。「宣傳」的思想當然阻滯文學的發展。而廢名提出的方子「科

〔註 32〕康德：《判斷力批判》，鄧曉芒譯，楊祖陶校，人民出版社 2002 年版，第 45 頁。
〔註 33〕廢名：《〈〈周作人散文鈔〉〉廢名序》，王風編：《廢名集》，第 1275～1276 頁。
〔註 34〕廢名：《知堂先生》，《人間世》1934 年 10 月 5 日第 13 期。

學」，也正是周作人所說的「科學常識」。而從周作人對於廢名這一觀點的反應
——「他不知道我先有一個成見，聽了我的話，他不完全的說道：『科學其實
也很道德。』」〔註35〕周作人這裡所說的「道德」，是從符合人情物理的角度來
說明道德的眞意的。但即使是這樣的道德，與審美判斷比較起來，也是帶有功
利性的。在邏輯（概念）的最高層面，眞、善、美應是統一的。但在非邏輯的
層面，從廢名的小說創作看來，廢名關注的集中點是非功利的美。

　　不論是對於政治還是道德的疏離，廢名這裡都有意與中國的儒家傳統拉
開了距離，因爲中國儒家的精神核心即是德性與對政治的擔當。廢名的這一
姿態，是他從西方文學中獲取思想資源的結果。「以科學常識爲本，加上明淨
的感情與清澈的智理，調合成功的一種人生觀」的建立，對於非功利、無利
害的審美的追求，使得廢名的「思想文化型」作品具有了從西方的眼光來審
視和選擇中國文學傳統和思想資源的特色。

（三）「思想文化型」作品的合適載體

　　廢名在中國和西方的框架中，思考傳統與現代的問題。在確立了人生觀
和藝術觀之後，該如何爲中國文學和思想資源尋找合適的載體或者說形式
呢？廢名這裡作出了兩個思考，首先是在中國古典文學的已有成就中尋找可
以爲現代文學發展提供啓示意義的根據，其次是在文學辭藻上力求符合審美
的標準。廢名作出這一選擇的著眼點是爲中國現代文學探尋發展方向。

　　廢名爲白話新詩發展找到的根據是李商隱、溫庭筠等作家的創作。廢名
在《已往的詩文學與新詩》中說：

> 　　我說中國已往的詩文學向來有兩個趨勢，就是元白易懂的一派
> 同溫李難懂的一派，無論那一派都是在詩的文字之下變戲法，總而
> 言之都是舊詩，胡適之先生於舊詩中取元白一派作爲我們白話新詩
> 的前例，乃是自家接近元白的一派舊詩的原故，結果使得白話新詩
> 失了根據。我又說，胡適之先生所認爲反動派溫李的詩，倒有我們
> 今日新詩的趨勢，我的意思不是把李商隱的詩同溫庭筠的詞算作新
> 詩的前例，我只是推想這一派的詩詞存在的根據或者正有我們今日
> 白話新詩發展的根據了。〔註36〕

〔註35〕廢名：《知堂先生》，《人間世》1934 年 10 月 5 日第 13 期。
〔註36〕廢名：《談新詩・已往的詩文學與新詩》，王風編：《廢名集》，第 1633 頁。

這段話顯示出廢名對白話新詩發展前途的關注，他在中國古典文學中尋找到李商隱、溫庭筠等作家作為中國白話新詩可資借鑒的對象。放大到整個中國現代文學的發展，他還找到庾信等作家作為根據。這幾個作家所具有的共同特點是相對超脫於政治和道德的束縛，追求作品的審美品格並取得很大的成就。

廢名對於庾信文章的讚賞在於庾信的用典富有才情、庾信的文章見性情；對於李商隱詩的讚賞也關注於他的用典一途，以及李商隱對女子和神仙故事的描寫可以見出他的富有人情；對於溫庭筠的讚賞集中於他的女子寫的是幻想中的女子……廢名也正是身體力行地從這些方面在現代文學的語言工具下作出了新的嘗試和發展。廢名所說的「富有人情」，是指這些作家在古代能突破儒家倫理學的框架，在人發自本真的感情的基礎上進行聯想和想像，如庾信對於褒姒典故的運用，李商隱對於馮小憐等女子的同情，都是能超脫現實政治和道德藩籬的大膽之作。廢名經過自己的獨立思考，選擇了他感興趣的中國文學的一些特徵，在自己的創作中大量用典，追求非功利性的審美境界，取得了很大成就。

廢名關注作品的辭藻。他在評論卞之琳和林庚的作品時說：「卞詩有溫的濃豔的高致，他卻還有李詩溫柔纏綿的地方了。李詩看起來是華麗，確是『清』，卞之琳沒有李商隱金風玉露的清了，林庚卻有。」〔註37〕「濃豔的高致」、「金風玉露的清」，從廢名描摹溫李風格的詞彙就可以看出廢名對於辭藻的愛好。在《橋》中，廢名雕琢他的句子，如「小林沒有見過琴子這麼個面容，明眸淡月，髮彩清揚，若不可風吹」〔註38〕，一句中用了「楚女當時意，蕭蕭髮彩涼」的典故，「明眸」與「淡月」的不可思議又恰到好處的搭配，以及對類似於「弱不禁風」或「身輕能作掌上舞」的意思做「若不可風吹」的陌生化表達，這些地方都可以看出廢名對於文辭接近刻意的追求。廢名以鎔鑄語言的方式為他的「思想文化型」小說尋找美麗的載體。

二、廢名「思想文化型」作品反映的邏輯結構

廢名在《燈》一詩中說，「世界上的事只有我才看得明白」。這麼說的原因，是廢名自信他的了悟的方式能把握到現象世界表象下的深層內涵。廢名的表徵

〔註37〕廢名：《「十年詩草」》，《華北日報・文學》1948 年 3 月 21 日第 12 期。
〔註38〕廢名：《橋（下卷）・水上》，《新月》1932 年 11 月 1 日第 4 卷第 5 期。

方式，受佛教禪宗的影響很大。以前的研究者，往往因爲讀不懂廢名的表徵方式，不能讀解廢名詩歌或小說的內在理路，只是籠統地以「禪宗的體悟」來概括之。有的研究者以廢名自己對家鄉五祖寺的種種描述來替代廢名深層邏輯結構的思考。這些地方都沒能清晰地體認廢名的作品存在這樣一個表徵方式。其實只要抓住這一點，廢名的小說人物、核心意象、用典方式等等，都可以得到清晰的界定和說明。廢名的作品與「晦澀」等等也就不相關了。

廢名以表徵方式來書寫他對世界和人生的認識，是受禪宗關於體悟的影響。以《莫須有先生傳》中的一段描寫爲例：

> 其第一位就權伸懶腰，搭一搭他人之肩膀，慵笑道：
>
> 「你背我回去。」
>
> 「你太懶，我背你不起。」
>
> 莫須有先生驚訝這一個村女兒出口成章做這麼一句好詩，可以
> 把一個美人寫得十分美。〔註39〕

爲什麼廢名這裡說這句話可以把一個美人寫得十分美？因爲這裡村女兒強調「背不動」的不是人，而是人的懶。這是以整體的一個特性來指代了整體，而這個特性就變成了一種實體。同時，這樣一個背不動的慵懶，卻又聯繫到女人的美。這又是從一個片段聯繫到另一個片段。因爲古代文學作品中經常說到美人的慵懶，所以慵懶就成了美人的指代。這種用事物「離堅白」式的諸種偶性來寫作的方式，是禪宗中經常發生的。這尚是從一個微觀的層面來分析的。

從宏觀層面分析，廢名常是從某一具體事物直接跳到對生命（以「生老病死」爲代表）的反思。如第二章所討論的，廢名說自己喜愛冬天的枯葉勝過春天的樹葉，而一般審美觀都是悲歎「桑之落矣，既黃且隕」，這鮮明地體現出廢名對事物的把握是透過它的表象而試圖將深層的含義賦予它的。廢名自己在散文中說，「詩人好比是春天，或者秋天，於是萬紫千紅總是春，或者一葉落知天下秋」，廢名的運思方式是從外物觸動他對生命終極的思考，並將自己的思考賦予外物這樣一個循環的過程。這一運思方式不僅體現出禪宗講究體悟的特色，也反映出唯識宗「萬法唯識」的邏輯思路，即一切都是詩人阿賴耶識的變現，所以詩人可以隨處賦予任何有生命或無生命的物體以生命和感觸。而顏色、聲

〔註39〕廢名：《莫須有先生傳・這一章談到一個聾子》，見《青年界》1932 年 9 月 20
　　　　日第 2 卷第 2 期。

音等等問題，從 1925 年起就成爲廢名經常關注的問題。這些既爲廢名後來對唯識宗的接受提供了契機，又是受唯識宗影響的廢名後期關注的重要話題。

第三節　廢名用典的意義特徵與「成熟的溢露」

廢名在作品中大量使用典故。廢名用典用的是典故的字面義。廢名認爲用典這一文學表達方式體現出中國文學與外國文學的根本不同之點。廢名稱中國詩人用典故爲「成熟的溢露」，對應地稱西方文學的特徵爲「發展」、「靠故事」，這是廢名對中西文化、思維不同點的區分。廢名的用典體現出多層次的特徵，廢名極大地豐富了用典這一文學手法的表現力。

一、廢名用典的意義特徵

廢名在作品中大規模地用典。在廢名成熟期的作品中，分不清用典與非用典的界限。廢名用典，用的是典故的字面義。他通過對典面的各組成部分賦予新義，使典故在作品的語境中具有多重意義。

（一）用典的定義

用典是廢名作品中十分突出的現象。「用典」由「典」和「用」兩個語素構成。首先，它指向廢名小說中的典故，這是傳統文學留給廢名也留給我們的資源。其次，它指向廢名是如何用的，指向廢名用典的方法，這是廢名小說用典的特徵，也是其與傳統文學的關係。

廢名的大量用典使中國傳統的「用事」手法在現代文學中獲得了發展。一般來說，古代詩論對「用事」的理解即指「徵古」。《現代漢語詞典（第 5 版）》關於「用典」的釋義爲：「引用典故；運用典故」；關於「典故」的釋義爲：「詩文裏引用的古書中的故事或詞句」〔註 40〕。可以看到，《現代漢語詞典》的定義比較簡單粗疏。2005 年出版的羅積勇《用典研究》將用典定義爲「爲了一定的修辭目的，在自己的言語作品中明引或暗引古代故事或有來歷的現成話，這種修辭手法就是用典」〔註 41〕。本文基本在這個意義上使用「用典」概念，但有些細緻的問題需要進一步交代。

〔註40〕　中國社會科學院語言研究所詞典編輯室編：《現代漢語詞典（第 5 版）》，商務印書館 2005 年版，1642，第 303 頁。
〔註41〕　羅積勇：《用典研究》，武漢大學出版社 2005 年版，第 2 頁。

現代互文性理論認爲，一切文本都是以互文的方式編織在一起的，每個文本都處於文本系統中。而用典是「互文性」的一種表現形式。參照《互文性研究》一書從廣義和狹義兩個方向上討論「互文性」概念，我們可以對「用典」作出廣義、狹義兩種界定。《互文性研究》對「互文性」的廣義定義，是從語言學的層面將其界定爲「所有表述中攜帶的所有的前人的言語及其涵蓋的意義」〔註42〕。這裡，兩個「所有」的強調將人類歷史上一切可能的文本都包含在了其中。對「互文性」的狹義定義，是從文學的層面將其確定爲「某些文學表述被重複」〔註43〕，其中包括了引用、隱射和迂迴等手法。

於是，可以對廢名的「用典」作廣義、狹義兩種界定：從廣義上看，所有前人所言所寫及其所涵蓋的意義，一旦出現在廢名的作品中，即爲「用典」。狹義上，只有在廢名的作品中有相對固定的典面出現，才可以算作用典。而相對固定的典面，指一個較爲完整的可以由其回溯到前人某部作品或某個言談的言語符號。如果採用用典的廣義定義，則「用典」與廣義的「互文性」幾乎重合，問題就分散開不易討論了，所以本節從狹義的方向來定義廢名的「用典」概念。因此，如果廢名只是因某作家某一意思的啓發而寫出類似的意思，而這位作家原來的表述不曾有一字進入廢名的作品，就不能作爲用典，如下面的這個例子：

> 琴子不但聽見鳥啼，更聽了細竹唱，她醒得很早，只要看一看
> 她的眼睛便知她早已在春朝的顏色與聲音之中了。她的眼睛是多麼
> 清澈，有如桃花潭的水，聲響是沒有聲響，而桃花不能躲避它的紅。

〔註44〕

「她的眼睛是多麼清澈，有如桃花潭的水」這一句用到李白《贈汪倫》中「桃花潭水深千尺」的典故。不過這裡想討論的不是這一句的用典情況，而是前一句——只要看一看琴子的眼睛，看見她眼睛的有如潭水、桃花的不能避影，便知她早已在春朝的顏色與聲音之中。這一句通過琴子的眼睛想像春朝的美景的寫法，是暗用了波德萊爾《巴黎的憂鬱》集中《時計》的內容：

〔註42〕〔法〕蒂費納·薩莫瓦約：《互文性研究》，邵煒譯，天津人民出版社2003年版，第1頁。

〔註43〕〔法〕蒂費納·薩莫瓦約：《互文性研究》，邵煒譯，天津人民出版社2003年版，第1頁。

〔註44〕廢名：《橋》，開明書店1932年版，第170～171頁。

中國人從貓的眼睛裏看時辰。……

他向貓的眼白注視著，毫不躊躇地斷言：「現在還沒有完全到中午。」他說的，確實無誤。

至於我，如果我俯向美麗的費利娜（她的這個），……那麼，不管是在夜晚，不管是在白天，也不管是在充足的光線之下或是在朦朧的昏暗之中，我總能在她那可愛的眼睛深處清清楚楚地看到時刻，總是同樣的時刻，像空間一樣廣漠、嚴肅、偉大的時刻，沒有分和秒的劃分，……（註45）

波德萊爾《時計》中從美麗的費利娜的眼睛看到了廣闊的時、空，這個意思與廢名通過琴子的目睛描寫春朝的筆意是相同的。而在寫作《橋》這一章時，廢名已看過波德萊爾《巴黎的憂鬱》一書。據陳建軍的《廢名年譜》，1925 年 10 月短篇小說集《竹林的故事》出版時：「書末附有自譯法國詩人波特萊爾的散文詩《窗》（選自波特萊爾的散文詩集《巴黎的憂鬱》），未列入目錄。」（註46）《橋》起手於 1925 年 11 月，因此廢名這句很可能受到了波德萊爾這篇詩的啓發。這樣的例子屬於廣義的用典，因爲波德萊爾這篇的詩意由廢名經轉變用了出來。但如果這樣尋繹下去，可能廢名的每句話都曾受到某個意思的啓發，討論的範圍將變得非常大；同時出現典面的用典情況可能被沖淡，主要問題不突出了。所以本文只在有典面可循的範圍內討論廢名的用典情況，取用典的狹義界定。

同時，廢名的小說中有大量成語、諺語、俗語、傳說和有關地方風俗的故事，它們與用典是怎樣的關係，可以作簡單考察。

成語是漢語中約定俗成的一種語言現象，大多爲四字格式，往往有固定的出處和慣用義（常常是比喻義、引申義）。在現代文學作家中，錢鍾書是公認的將成語使用出特色的作家。相較而言，使用成語不是廢名關注、嘗試的重點。一般地說，廢名不曾大規模地從成語中引申出新義，他的作品中用成語是用它們的慣用義的，將它們當成固定的詞語來使用。這樣用成語不能算是用典。但如果廢名在使用成語的過程中，對構成成語的語素作不同於成語出處或慣用義的理解，改爲用另一種意思，則是一種創造，如：

〔註45〕〔法〕波德萊爾：《巴黎的憂鬱》，《惡之花 巴黎的憂鬱》，錢春綺譯，人民文學出版社 1991 年版，第 404～405 頁。
〔註46〕陳建軍：《廢名年譜》，華中師範大學出版社 2003 年版，第 44～45 頁。

　　這真可以說是隔岸觀火，……那邊大隊的人，不是打仗的兵要

　　銜枚，自然也同這邊一樣免不了說話，但不聽見。〔註47〕

這寫的是小林和琴子在河的這岸看另一岸「送路燈」是怎樣的情景。其中，
成語「隔岸觀火」的詞典義為：「對岸失火，隔河觀望。比喻見別人有危難不
加救助而在一旁看熱鬧。」〔註48〕因此，「隔岸觀火」的原義是「對岸失火，
隔河觀望」，語素「火」在出處的意思是「失火」；成語的慣用義是原義的比
喻用法：「見別人有危難不加救助而在一旁看熱鬧」。但廢名在這裡對語素
「火」做了不同於「失火」的解釋，小林和琴子所看的「火」是對岸「送路
燈」的一隊人手中所提的燈火。廢名將「隔岸觀火」放在「送路燈」的情境
中、放在河的兩岸，就賦予了這個成語不同於原義和慣用義的新義。這裡，
廢名對「隔岸觀火」這個成語的使用可以被認為是用典。

　　諺語、俗語、常用語、歇後語是漢語中的固定搭配，它們在廢名作品中
經常出現。分別舉一個例子：《莫須有先生傳》中「『人生的意義在哪裏？就
在於一個朋友之道。前人栽樹，後人乘陰，互相熱鬧一下子，……』」〔註49〕
引用了「前人栽樹，後人乘陰」的諺語。《橋》中引用了「過路君子念一遍一
夜睡到大天光」〔註50〕的俗語，這段俗語的前兩句在《莫須有先生傳》中曾
有出現：「天皇皇，地皇皇，我家有個夜啼郎」〔註51〕。在廢名家鄉，這或許
是常見俗語，以致廢名在《橋》中初次提到它時只提了後兩句，倘《莫須有
先生傳》中不說明前兩句，讀者幾乎就不明白為什麼細竹、琴子在茶鋪中看
到這一句標語會哈哈地笑起來。《莫須有先生傳》中還出現了「睡了一覺精神
非常好。常言道，黃連樹下彈琴，其苦也樂」〔註52〕的常用語以及「『這麼一
點兒事，就力笨兒頭趕車，跟我翻兒了！——我怕你？』……那個傢夥她張
飛賣刺蝟嘍——人強貨扎手」〔註53〕的歇後語。從這些例子可以約略看出，
與廢名小說中的大多數成語一樣，它們呈現的是原義或慣用義，在廢名作品
中所起的作用類似於一個詞語，不能算是用典。

〔註47〕廢名：《橋》，開明書店 1932 年版，第 120～121 頁。
〔註48〕陳抗、董琨、盛冬鈴：《多功能成語詞典》，漢語大詞典出版社 2002 年版，第
　　　　122 頁。
〔註49〕廢名：《莫須有先生傳》，開明書店 1932 年版，第 57 頁。
〔註50〕廢名：《橋》，開明書店 1932 年版，第 249 頁。
〔註51〕廢名：《莫須有先生傳》，開明書店 1932 年版，第 87 頁。
〔註52〕廢名：《莫須有先生傳》，開明書店 1932 年版，第 80 頁。
〔註53〕廢名：《莫須有先生傳》，開明書店 1932 年版，第 82～83 頁。

　　此外，廢名的小說包含大量傳說及有關地方風俗的故事。它們是不是用典，要看在文中所起的作用。當廢名有意介紹湖北黃梅的風俗給讀者，如《橋》第一卷第十六章中的「送路燈」，《莫須有先生坐飛機以後》第八章的「放猖」、「送油」（即《橋》中的「送路燈」），第九章的「大頭賓」、「地方」、「土地佬」、「醒釀鬼」、「過橋」這些風俗時，這樣「風土記」式的故事不能作爲用典。

　　但如果某一個傳說或風俗在廢名作品中具有特別的含義，則可能爲用典。如《橋》中「觀音灑淨」的故事與琴子、細竹有密切的聯繫：《橋》的第二卷第四章，細竹和琴子由蘸水磨墨的小小一條柳枝，想到琴子兒時於鎮上看賽會歡喜觀音灑淨的故事，想到當天摘楊柳回來琴子寫的兩行文字：「一葉楊柳便是天下之春／南無觀世音的淨瓶」，再想到「放焰口」時要把觀世音的淨瓶端上臺，還想到之前七月半莊上放焰口時細竹和孩子們一起上前兜楊柳水。到了第十四章，小林在細竹、琴子的屋裏看到「『觀世音的淨瓶』裏一枝花，桃花」。二十二章再次提到：「『我平常很喜歡看觀世音的像。』又這一說。細竹一笑，記起她的琴姐的『觀世音的淨瓶』。」〔註54〕這樣，讀者也又想起了觀音灑淨的故事。廢名講它不是爲了告訴讀者吾鄉有這樣的傳說、增加讀者的見聞，而是有更豐富的含義在：「觀音灑淨」在《橋》中反覆出現，使琴子與觀世音的形象有了一定程度的重疊。這樣一來，就給它們賦予了新義，就屬於用典了。

　　以上我們對「用典」概念作了廣義、狹義的界定，並對廢名小說中的成語、諺語、俗語、常用語、歇後語、傳說、風俗故事與用典的關係進行了討論，釐清了討論對象的外延，下面就進入對廢名用典情況的討論。

（二）廢名用典的意義特徵

　　上一節考察了廢名用典的整體面貌，本節將從三個方面討論廢名用典的意義。首先討論廢名小說如何賦予典故新義，說明廢名的做法是不顧典故的原義、常用義，將典面劃分爲幾個組成部分，然後分別對這些組成部分賦予不同的意義，以形成他想表達的新義。其次在此基礎上關注典故的原義和新義之間的關係，從置換、置放、並列等幾個角度進行分析，並從原義和新義的遠近及交互作用上作討論。之後從用典的角度集中考察廢名用典是否「晦

〔註54〕廢名：《橋》，開明書店1932年版，第170～171頁。

澀」，其結論是廢名的用典不造成晦澀，且廢名明確地拒絕用典的「晦澀」。

廢名說「高明的作者，遣詞造句，總喜歡揀現成的用，而意思則多是自己的，新的」，這也是廢名自己在用典中的追求，因而也是理解廢名用典意義的關鍵所在。

1、廢名小說如何賦予典故新義

從之前的分析可以看出，只有賦予典故新義的用典，才是本文關注的主要對象。本節將具體分析廢名如何改變典面以及發展出新義的幾種方式。

（1）改變典面

典故是前人在當時的情境或語境下所爲之事、所說之言，所以一定是符合前人當時的情境、語境的，卻未必符合廢名想表達的某個意思、某種情況；所以當把一個典面拿到自己想要說明的情況中來時，有時需要語素上的調整，以使典故符合自己想表達的意思。這方面我們可以看三個例子：

> 莫須有先生太太除了吃飯而外她自己做的一切東西有滄海之多
>
> 而自己吃的渺不及一粟，〔註55〕

這裡，廢名將蘇軾在《赤壁賦》中所寫的「寄蜉蝣於天地，渺滄海之一粟。哀吾生之須臾，羨長江之無窮」〔註56〕中的「渺滄海之一粟」拆開，以「滄海」形容莫須有先生太太做的一切食物之多，以「渺不及一粟」形容莫須有先生太太除吃飯外吃的之少。他借用了蘇軾以「滄海」和「一粟」的強烈對比來形容大小之懸殊的筆法，而將「滄海」和「一粟」由名詞性變爲了形容詞性，來說明莫須有先生太太的辛勞之巨、享受之微。這裡用了拆分和分別賦義的方法。拆分，是將原典面的各組成部分拆開，含有重新排列組合的意思；分別賦義，是對各成分賦以自己想說明的意思。

廢名另一種「改變典面」的方法可稱之爲「替換的法則」，即，將典面中自己無意表達的部分替換成自己想表達的要素。例如：

> 小林笑著向她們兩人說道：
>
> 「觀乎海者難爲水，然而你沒有看見它，它也不能自大，大概
>
> 也只好自安於寂寞。」〔註57〕

〔註55〕廢名：《莫須有先生坐飛機以後》，《文學雜誌》1948年7月第3卷第2期。
〔註56〕蘇軾：《赤壁賦》，孔凡禮點校：《蘇軾文集》，中華書局1986年版，第6頁。
〔註57〕廢名：《橋》第三卷，見《竹林的故事》集，廣西師範大學出版社2003年版，第341頁。

「曾經滄海難爲水，除卻巫山不是雲」是元稹悼亡詩的兩句，意思是故人是「曾經滄海」、「除卻巫山」，其餘的水「難爲水」，其餘的云「不是雲」。「曾經滄海」有「曾經經過」的動作，強調今昔對比。而廢名這裡想表達的意思與此有較大區別。廢名想說如果細竹、琴子沒有看見海，海沒有觀者，也只能自安於寂寞。因爲後面接著說「觀海」的問題，所以他將「曾經」改爲「觀乎」，強調這個海是觀者眼中的海。「觀乎海者」強調「觀」和「者」：「觀」強調了觀海的動作，「者」是名詞性指代詞，可指觀海的人，也可指觀海後的情況。這樣，就將一個價值判斷感很強的句子轉變爲一個比較中性的判斷。這樣，與後面的句子連起來，才好表達另一層意思：海是需要觀者的。如果不做任何改動，「曾經滄海難爲水」與「然而你沒有看見它，它也不能自大，大概也只好自安於寂寞」在語義上是無法聯繫起來的——「曾經」不能不改爲「觀乎」。這種對典面的改變服從於廢名想表達的意思，將典面中自己無意表達的語素替換成自己想表達的要素。這方面的例子很多，如「然而眞正地做小學生的生活則略如上述，其不加迫害於兒童者幾稀」﹝註58﹞是同樣地用到替換的法則。

　　還有一種改變典面是由於通俗化的考慮。前代文學中的某些表達因爲時間的推移漸漸變得佶屈聱牙，於是廢名會用後來常用的同義或近義詞來重述它們。如將《詩》中的「美目盼兮」改爲「美目一盼」，將宋玉的「粉白黛黑」改爲「粉白黛綠」，將秦觀的「唇邊朱粉一櫻多」改爲「唇上的胭脂一櫻多」，都是這樣的例子。這種改變典面類似於給典面作一個通俗化的注解，是改變中最簡單的一種。

（2）發展出新義

　　除了對典面作改變，廢名在用典時很注意對典故賦予新義。下面就具體地分析廢名用典時發展出新義的幾種方式。在此之前，需要對典故的原義、常用義、「字面義」作一個討論。

　　顧名思義，典故的原義指典故之所從來的那個意思，即形成一個典故的最原初的意義，即出處義。

　　典故皆有典面，根據典面與出處語境的含義的關係，可以將這個典故分爲兩種：一是典故最初出處的全部語境內涵基本上都落在這個典故的典面上，這種典故的典面與原來語境的聯繫非常密切。二是典面只是原出處整個

──────────────

﹝註58﹞廢名：《莫須有先生坐飛機以後》，《文學雜誌》1947 年 11 月第 2 卷第 6 期。

語境中某一句的表達，原出處的語境的含義沒有落在這個典故的典面上，這種典面與原來語境的聯繫就不如前一種情況密切。如：「立刻你又意識出來你是踟躕於一室之中，捉那不知誰何的小小的靈魂了。」〔註59〕這個句子中，「不知誰何」是一句文言，提示我們這裡有用典。它出自《莊子·應帝王》：「明日，又與之見壺子。立未定，自失而走。壺子曰：『追之！』列子追之不及，反以報壺子，曰：『已滅矣，已失矣，吾弗及已。』壺子曰：『鄉吾示之以未始出吾宗。吾與之虛而委蛇，不知其誰何，因以爲弟靡，因以爲波流，故逃也。』然後列子自以爲未始學而歸，三年不出。」〔註60〕這段寓言寫的是列子的老師壺子在神巫季咸面前表現出「未始出吾宗」的千變萬化的跡象，以致使「知人之生死存亡、禍福壽夭」的相者不能識，季咸只好逃走了。「不知其誰何」在莊子的這段文章中不承擔意思的重心，它只是描寫壺子展示出變幻莫測的跡象。廢名把它從原來的文字中拿出來，移到「捉那不知誰何的小小的靈魂了」一句中，只用了「不知誰何」的字面的意思。

此外，由於典故皆有其產生時的語境，則它一經產生，典面中各語素的指代的意義就十分固定；甚至有些典故進一步形成比喻義或引申義，則人們看到這個典故時就會自動地反映出它的比喻義或引申義，對它各語素的意義都忽略不計了。特別是承擔著語境全部涵義的典面，它更可能在人們的閱讀中固定化，彷彿一個詞一樣，失去鮮活的表現力。

典故的常用義包括兩種情況，一是它可能就是典故的原義，二是它可能是後代作家賦予的某個意思。如果典故在出處就發展出引申義或比喻義，則與後代作家對它的使用、賦予新義一樣，也是對典故原義的一種引申，所以可以合併到「後代作家賦予的某個意思」裏。正如廢名所說，善用典故者用現成的字句，而意思則多是自己的、新的，典故在歷代作家的使用中發生著意思的轉移和改變；當一個作家對典故做了一個出色的創造性運用之後，在典故之後的流傳中，這個意思有可能取代它的原義，成爲後來讀者和作者記憶中更鮮明的意義，此即典故的常用義。一個很明顯的例子是李商隱對「半面妝」一典的運用：「休誇此地分天下，只得徐妃半面妝。」〔註61〕廢名在《橋》

〔註59〕廢名：《橋》，開明書店 1932 年版，第 47 頁。
〔註60〕陳鼓應注譯：《莊子今注今譯》，中華書局 1983 年版，第 221 頁。
〔註61〕李商隱：《南朝》，劉學鍇、余恕誠編著：《李商隱詩歌集解》，中華書局 1988 年版，第 1523 頁。

中寫到小林在一個女子臉上看到了睡神的半面妝。倘若不是讀到李商隱的詩，廢名未必注意到這個徐妃半面妝的典故呢。

「典故的字面義」這個說法其實並不準確。倘簡單地顧名思義，字面義即典面包含的全部信息，是將典故從歷史上任何一個語境裏抽出來，單看典面裏有限的幾個語素。因爲我們只有將詞放在句子中才能瞭解詞的意思，將句子放在句群中才能瞭解句子的意思，所以單獨拿出來的一個典面是無意義的。它可以指向任何方向，是不能清楚它的意義指向的，而這正爲廢名從典故中發展出新義提供了基礎。

廢名的做法是，不顧典故的原義、常用義，將典故還原爲典面上的幾個組成部分，然後分別對這些組分賦予不同的意義。有時他是全面地對組成部分賦予意義，形成意義的「一一對應轉義」。有時他是部分地賦予其中一些組分以新義，則另一些未賦予新義的部分有可能與廢名想表達的那個意思無甚關係，於是它們「落空」；它們也有可能與所在語境有某種隱約幽微的關係。有時廢名只關注典面中一個非常微小的組成部分，它與他想表達的某一個意思有關聯，這時廢名會對他的這個用典行爲加進很多解釋；如果廢名未作解釋，讀者找不到這個微小的部分與廢名想表達的意思在哪一點上聯繫，就可能讀不懂廢名的該處用典。下面就來具體地分析這幾種情況。

經過上面對典故原義、常用義、「字面義」的分析，我們可以把廢名賦予典故新義的方式歸納爲三種：①「一一對應轉義」，對典面的各組分一一賦義，使得整個典面表達一個新的意思。②只關注典面中非常細微的元素，因爲只有這個元素與他想表達的意思相關。③部分賦予新義、部分「落空」。當被賦義的元素分量在全部典面中的比例不夠大到「一一對應轉義」，也不小似「一個非常細微的組分」，是一種中間狀態時，整個典面的各組分便部分被賦予新義、部分「落空」。下面即對這三種方式分別陳述：

①「一一對應轉義」中，原來典故中的各個元素在新的語境中獲得了新的對應物，它們各各與原義中所指代的內容不相同了，《莫須有先生坐飛機以後》中有一個典型的例子：

> ……因爲他們拜年用的是鄉下人的禮法，跪下去磕頭！莫須有先生……心裏是戰戰兢兢，如臨深淵，如履薄冰：「我同你們有什麼關係呢？你們是社會上的農人，爲什麼向我拜年呢？」莫須有先生還是都市上文明人的習慣未除了，除了己只有社會了，除了自己懂

得「自由平等」而外沒有別的社會道德了。連忙有自己的良心答曰：

「是的，我同你們有家族關係。我不能拒絕你們向我拜年，可見我同你們不是路人。『先進於禮樂野人也，後進於禮樂君子也。』還是你們鄉下人對，我一向所持的文明態度，君子態度，完全不合乎國情了，本著這個態度講學問談政治，只好講社會改革，只好崇拜西洋人了，但一點沒有歷史的基礎了！」〔註62〕

「先進於禮樂野人也，後進於禮樂君子也」出自《論語・先進》：

子曰：「先進於禮樂，野人也；後進於禮樂，君子也。如用之，則吾從先進。」〔註63〕

楊伯峻的注釋說：「先進，後進：這兩個術語的解釋很多，都不恰當。譯文本劉寶楠《論語正義》之說而略有取捨。孔子是主張『學而優則仕』的人，對於當時的卿大夫子弟，承襲父兄的庇蔭，在做官中去學習的情況可能不滿意。……」楊伯峻將孔子這段話譯為：「孔子說：『先學習禮樂而後做官的是未曾有過爵祿的一般人，先有了官位而後學習禮樂的是卿大夫的子弟。如果要我選用人才，我主張選用先學習禮樂的人。』」〔註64〕

上面的大段引文和解釋認為，孔子的「先進」、「後進」是關於「學習禮樂」和「做官」哪個在前、哪個在後的問題；「野人」、「君子」一指未曾有爵祿的人，一指卿大夫的子弟。而在廢名這裡，「先進」、「後進」指誰對合乎國情的「禮樂」更有瞭解的意思，「野人」指農人，「君子」指讀書人。在這個例子中，廢名說的是黃梅縣的農民用跪下去磕頭的方法向莫須有先生拜年，莫須有先生初時惶恐，後來想到家族關係和鄉里風俗，想到合乎國情的可能還正是這些農民維持的禮俗，而非都市上文明人從西洋而來的習慣，所以他「從先進」了。這裡我們不討論莫須有先生這個觀點的是非問題，只看這個用典中字面義與原義的轉換關係。總結起來說，組成這個典面的幾個因素中，「先進」、「後進」、「禮樂」、「野人」、「君子」、「吾從先進」這 6 個方面的意思都發生了轉移，如果列一張表顯示它們的對應關係，則如下：

〔註62〕廢名：《莫須有先生坐飛機以後》，《文學雜誌》1948 年 8 月第 3 卷第 3 期。
〔註63〕楊伯峻譯注：《論語譯注》，中華書局 1980 年版，第 109 頁。
〔註64〕楊伯峻譯注：《論語譯注》，中華書局 1980 年版，第 109 頁。

	先　進	後　進	禮　樂	野　人	君　子	吾從先進
孔子原義	在做官前學習禮樂	在做官後學習禮樂	治理國家的正確方法	未曾有爵祿的人	卿大夫的子弟	我選擇在做官前先學習禮樂的人
廢名語境	拜年跪下去磕頭	「自由平等」的社會道德	合乎國情的禮俗(有歷史的基礎)	農民	讀書人	我選擇拜年用跪下去磕頭的方法

　　可以看出，這六個詞的意思都發生了轉移，而廢名談的是關於禮俗的問題，與孔子原來所談的問題是相關的。廢名這裡並不是說從西方來的「自由平等」的社會道德不好，他是就他所在的情境立論的，即當幾個本家人採用本鄉拜年的方法——跪下去磕頭時，他沒有法子在當場拒絕或者和幾位本家說明都市上深受西方影響的「自由平等」的觀念，於是他在黃梅縣城過年時就接受了這幾位本家的拜年。這裡廢名的「吾從先進」是有尊重一個鄉村的風俗的意思在的。對照孔子原話的意思可以發現，廢名在這裡用這個典故，完全改變了孔子的原義；廢名使用了兩千年前的文字，使用了為歷來的注釋家所爭論的詞——「先進」、「後進」；而他把這個句子放在他的語境裏，他的意思我們都能夠明白，並且覺得這個典故用得非常好。這反映了典故的字面義與原義的一種關係：「一一對應轉義」。原典故中各要素在新的語境中一一對應地獲得了新意，一點都沒有「浪費」。而且原義和新語境中的含義都是談「禮」的，從總體上也是有關聯的。這樣的用典是非常周密的。

　　②以上的「一一對應轉義」是典面中的各組成部分在新語境中一一被賦予了新義，與它反方向的一個極端是廢名只關注典面中一個非常細微的成分，這個成分與他想表達的意思相關。這時廢名為了使讀者明白他關注的是哪一個組成部分的哪一層意思，勢必對這個用典行為作出很多解釋。舉一個例子：

　　　　「一陣風——花落知多少？」琴子還是手插荷包說。

　　　　「這個花落什麼呢？沒有落地。」

　　　　……說著從荷包裏拿出了手來。她剛才的話，是因為站在花當中，而且，今天一天，她們隨便一個意思都染了花的色彩，所以不知不覺地那麼問了一問，高興就在於問，並不真是想到花落。細竹的話又格外地使得她喜歡。〔註65〕

─────────────

〔註65〕廢名：《橋》，開明書店1932年版，第257～258頁。

廢名在這裡對琴子的一個問句「花落知多少」作了很多解釋。因為當前情境是琴子、細竹一天都在花紅山的花中，琴子忽然想發一問了，問什麼呢？不知不覺問了「花落知多少」。這個典故的典面有兩點與廢名想表達的意思相合，一是它是關於花的一句詩，另一個是它是一個問句。就是這兩個因素導致廢名在這裡用了這個典故，而這兩個因素在「花落知多少」這個典面中是微不足道的。因為「花落知多少」的主詞不是「花」而是「花落」，同時謂詞是問（這個「花落」）有多少，所以廢名不得不解釋琴子「高興就在於問，並不真是想到花落」。這樣讀者才明白在廢名的新語境中，是原典面的哪一點語素為廢名所取用、強調或轉化。

由於在這種方式中，廢名關注的是典面中一個非常細微的部分，所以倘若省去相關的解釋內容，就可能造成誤解。茲舉一例：

> 小林一看，琴子微微地低了頭坐在那裡照鏡子，拿手抹著眉毛
> 稍上一點的地方──大概是從荷包裏掏出這個東西來！……

琴子看見他在那裡看了，笑著收下。他開言道：

> 「放下屠刀，立地成佛。」
> 「這句話琴姐她不喜歡，她說屠刀這種字眼總不好，她怕聽。」
> 細竹指著琴子說。小林憮然得很。其實他的意思只不過是稱讚
> 這個鏡子照得好。
> 「醉臥沙場君莫笑，人生何處似尊前？」
> 忽然這樣兩句，很是一個駟不及舌的神氣，而又似乎很悲哀，
> 不知其所以。〔註66〕

小林看到琴子在對鏡理妝，琴子看見小林在看了，笑著收下鏡子；小林於是說「放下屠刀，立地成佛」。這裡有兩個元素被廢名賦予了新義。一個是「放下」這個動作，在這裡不再是放下屠刀，而成為放下鏡子；另一個元素是「成佛」，這裡以此來比喻琴子理妝後的美麗容顏。所以小林引這句話是為了稱讚鏡子照得好。然而因為「放下」在原典面中只是一個動作，「成佛」又是從比喻的意義上來稱讚的，所以這兩點在原典面中不是重要因素。原典面的語義重心是落在「屠刀」上的，「放下」的賓語是它，「成佛」的原因也是它，所以不加解釋地用這個典面就引起了細竹的反對：「這句話琴姐她不喜歡，她說屠刀這種字眼總不好，她怕聽。」細竹是一個聰慧的女子，但即使如此她也

〔註66〕廢名：《橋》，開明書店 1932 年版，第 304～306 頁。

不能容易地接受這次用典，可見如果只是為典面中一個非常細微的組成部分賦予新義，就一定要加進足夠的解釋。其實在這段話裏，細竹發出反對的聲音也正是廢名加進解釋的一種方式。

緊接著，憮然的小林忽然的兩句「醉臥沙場君莫笑，人生何處似尊前」是落在哪一些元素的意思上了呢？從「馴不及舌」的神氣和「似乎很悲哀」的感情，我們可以推測，小林是感歎自己先前的那個用典不能為細竹所理解（所以會「似乎很悲哀」），也有輕微的對細竹的抗議：你幹嘛要那麼坐實地理解「屠刀」呢？（所以緊接著才覺得「馴不及舌」——因為我不該對細竹抗議了。）於是我們可以約略感覺到，「醉臥沙場君莫笑，人生何處似尊前」與廢名這個語境相關的組分應該是「醉臥」、「尊前」及「君莫笑」。廢名賦予「醉臥」、「尊前」的意思是：並非每個因素都要坐實，可以模糊地把握、理解，賦予「君莫笑」這個組分的意思是：細竹你不要抗議我了。而這樣的讀解，也仍然是在廢名的「忽然這樣兩句，很是一個馴不及舌的神氣，而又似乎很悲哀，不知其所以」的提示下完成的。倘若沒有後面這樣一個隱約的提示，廢名從這麼細微的地方對這兩句詩中的語素賦予的新義就更難以理解了。

③部分賦予新義、部分「落空」。此種被賦義的元素分量在全部典面中的比例不夠大到「一一對應轉義」，也不小似「一個非常細微的組分」，是一種中間狀態。這種情況下，「落空」部分的語素可能處於完全「落空」狀態，它們在廢名的新語境中無對應物，因此無著落。這部分「落空」的語素也可能與廢名想表達的意思有某種幽微曲折的聯繫，下面以一處用例分析這兩種情況：

> 「好比一位女子忽然長大了，那真可以說是『園柳變鳴禽』，自己也未必曉得自己說話的聲音從哪一個千金一刻就變得不同了。」

〔註67〕

女子從童年到青年的轉變過程中會變聲，廢名用一個「園柳變鳴禽」的典面來形容這個過程。謝靈運這句詩的原義是說自己臥床養病的時間很長，隨著季節的更替，園中啼鳥的種類都改變了。而廢名對典面中的「變」和「鳴」都賦予了新義。在謝靈運的原語境中，「變」的賓語是「鳴禽」，是啼鳥的種類。在廢名的新語境中，「變」的賓語是「鳴」，而非「鳴禽」——變是「變聲音」，而非「變主體」。「鳴」由形容詞性轉為了名詞性，指女子說話的聲音。

〔註67〕廢名：《橋》，上海書店影印《新月》月刊1933年6月1日第4卷第7號。

這個典面中的「園柳」無法賦予新義，它處於完全「落空」的狀態。而「禽」字虛化了，同時可以說它與廢名想表達的變化的女子聲音有某種聯繫：好聽的女子的聲音與婉囀動聽的鳴禽的聲音有某種類比性，是一種幽微曲折的聯繫。

以上我們根據被賦予新義的組分在全部典面中所佔比例的大小區分了三種賦義方式。如果考慮廢名從哪些方向上為各組分賦予新義，可以從下列兩方面來分析：A、「翻案」法，B、某一語素的多義和歧義。

A、正如小林說他寫文章常常被先生誇獎會「翻案」，廢名對語素賦予新義的思路之一是用「翻案」的方法，使字面義朝著與原義相反的方向發展，往往表現在詞的褒貶上發生轉折。一個典型的例子是：

> 「坐井而觀天，天倒很好看。」一眼出了窗戶，想。可喜的，
> 他的雨意是那麼的就在這晴天之中，其間沒有一個霽字。〔註68〕

「坐井觀天」是一個成語，與它同源的「井底之蛙」出自《莊子·秋水》，但在廢名這個語境裏，它寫的是小林從細竹和琴子的窗口看天。因為窗口像井口，所以他說他「坐井」觀天；又由於是從細竹、琴子的窗口看天，這個天一定是好看的，「坐井而觀天，天倒很好看」。於是，一個本來是貶斥人見識短淺的寓言變成了一個描寫性的句子，描寫一個通過細竹、琴子的窗戶看天的情境。這樣寫很寫出細竹、琴子居處的美景，於是「坐井觀天」具有了一個很有意味的形式和一個很可喜的觀感了。這就是字面義與原義的反方向，「翻案」的方法。如果進一步分析，廢名在這裡取消典故原來的貶義色彩的途徑是先取消掉典故的出處義及與其相關的隱喻義，將其還原到一個沒有主詞、沒有任何附加意義的單純動作上去，然後在這個動作的基礎上直接作審美觀照。

B、離開了原語境的典面在意義上可以指向很多方向，典面的各組成部分離開語境後也是多義或歧義的，所以，廢名常通過運用典面某組分多種意義中的一種，將典故之義引向他所關注的方向。試舉一個例子：

> 「春女思。」琴子也低眼看她，微笑而這一句。
> 「你這是哪裏來的一句話？我不曉得。我只曉得有女懷春。」
> ……「不是的——我是一口把說出來了，這句話我總是照我自

〔註68〕廢名：《橋》，開明書店 1932 年版，第 270 頁。

己的注解。」

　　……「我總是斷章取義，把春字當了這個春天，與秋天冬天相對，懷是所以懷抱之。」〔註69〕

這種「照我自己的注解」和「斷章取義」正是在「春女思」和「有女懷春」的「春」字上做文章。細竹對「有女懷春」的「懷」字、「春」字所做的注解是在「懷」與「春」釋義的多種可能性的基礎上完成的。此外，這種多義、歧義性可以在字面相同、指向不同的兩個典面間傳遞。如這樣一個例子：

　　細竹朝樹底下走，讓楊柳枝子拂她的臉，擺頭——

　　「你看，戲臺上唱戲的正是這樣吊許多珠子。」

　　「我要看花臉，不看你這個旦兒。」

　　「你才不曉得哩！——『輕紅拂花臉』，我也就是花臉。」〔註70〕

這段文章裏，廢名借助兩個「花臉」在字面上的相同，從戲劇舞臺的角色之一「花臉」引出了元稹的詩句「輕紅拂花臉」：細竹因為楊柳枝子拂臉而想到戲臺上的穿戴，琴子就打趣她說自己不想看細竹這個「旦兒」、想看「花臉」。「花臉」是中國戲曲行當的角色之一，所演的往往是忠奸難辨的人物。而廢名就開始借「花臉」一詞做文章了，在元稹的詩句中，它指如花的容顏。又加上楊柳枝子正拂著細竹的臉，由此引進元稹描寫女子梳妝的詩句「凝翠暈蛾眉，輕紅拂花臉」，這樣就從一句琴子的打趣過渡到細竹的反打趣——自誇一句自己。

2、廢名小說用典中原義與新義的關係

　　從上一節的分析可以看出，廢名用典發展出新義的主要方式是給典面的各組成部分賦予不同於原義的新義。因為原義和新義有共同的物質基礎——典面，所以在廢名用典的段落中，必然存在著原義和新義的複雜聯繫。所以本節計劃在前一節的基礎上，進一步分析原義和新義在廢名文本中的存在情況。

　　用典將古代的元素引入了現代的語境。可以想見，即使是在典故的原義上使用一個典面，即使是日光下曾發生過「一模一樣」的事，也會因時、地、人的不同而有各種不同元素進入現代語境。而況古時的事不可能與現代的事完全一樣，所以各種古代元素進入現代文本，提示出古代的種種生活，讀者

〔註69〕廢名：《橋》，開明書店 1932 年版，第 256～257 頁。
〔註70〕廢名：《橋》，開明書店 1932 年版，第 232 頁。

從中可以品味原義和新義生成的種種關係。

本節分爲三部分。首先將原義與新義的關係劃分爲「置換」、「置放」、「並列」三種類型，然後從意義的遠近、原義和新義的交互作用等角度來透視它們的關係。

（1）置換、置放、並列

置換、置放、並列，是原義和新義的三種關係，它們的不同是出於廢名想表達的效果不同。置換，是廢名想表達一個新義的願望十分強烈，他在語境中會設置很多呼應、提示與解釋的因素，使讀者對典故作新義的理解，原義便潛隱在語境中，也就是被置換。置放，是廢名不特別著意於置換，於是原義和新義同時出現在語境中，形成種種對照關係。並列，是廢名有意將原義和新義放在一起，通過它們的比照形成一種特殊的效果，這效果正是廢名追求的。並列的情況以《莫須有先生傳》中的「戲擬」爲突出代表。下面分別舉例說明：

> 漸漸走得近了——其實你也不知道你在走路，你的耳朵裏彷彿
> 有千人之諾諾，但來得近了。（註71）

這是一個置換的例子。「千人之諾諾」出自《史記·商君列傳》：「千人之諾諾，不如一士之諤諤。」（註72）因爲廢名在這個語境中設置了「你的耳朵裏彷彿有……」這樣的主語，「千人之諾諾」的意思便集聚在「很多人諾諾地小聲說話的聲音」的新義上，「很多人隨聲附和的唯唯喏喏的樣子」的原義便潛隱進文本深處，很難被尋繹出來。原義、新義形成的這樣的關係即爲「置換」。

置放，是原義和新義同時出現在語境中形成的對照關係。因爲原義、新義有共同的典面作基礎，所以兩者的同時出現是必然的。置放與並列的區別在於並列是廢名有意識地運用原義和新義的交互關係，其用典之目標就在於兩者的關係。置放是廢名一般地運用典故，由於事物的普遍聯繫，置放的原義和新義之間也肯定會發生一些作用。試舉一例：

> 莫須有先生太太不往下說了，她覺得此人不足與言了。而此人，
> 此時已站在水旁，樂個不休。水流心不競，有時乃亦不足取，即如

〔註71〕廢名：《橋》，開明書店 1932 年版，第 230 頁。
〔註72〕司馬遷：《史記·商君列傳》，中華書局 1982 年版，第 2234 頁。

這位懶婦人，莫須有先生太太后來每每說她爲「無物」。〔註73〕
此處的「水流心不競」是用來比方鳳的懶惰與不上進的。「水流心不競，雲在
意俱遲」從字面看是寫景，它的常用義是用來形容人無汲汲於利祿之心，是
一個褒義詞。但「過猶不及」，鳳這樣過度的懶惰已經不是不汲汲於功利，而
是到了「無物」的程度了。所以廢名用這句詩來打個比方。此詩的常用義與
廢名在這裡的比方義形成一個置放的關係。

　　並列的情況中，原義和新義的並列是具有意義的，兩者的並列是這種用
典取得審美效果的原因。如下面這個例子：

　　　列位一時聚在莫須有先生門前偶語詩書，而莫須有先生全聽不
　　懂。背糞桶的還是背糞桶，曩子行，今子止，挑水的可以扁擔坐禪，
　　賣燒餅的連忙卻曰，某在斯某在斯，蓋有一位老太太抱了孫兒攜了
　　外孫女兒出來買燒餅。〔註74〕

「曩子行，今子止」出自《莊子・齊物論》，說的是罔兩問景爲什麼一會兒行、
一會兒止、沒有一定的常則，景問爲什麼我要有一定的常則？這樣一個有莊
子特色的問題和回答。而在廢名這裡變成背糞桶的人先前在走、現在停下來
了。「某在斯某在斯」出自《論語》，說的是孔子對待盲人樂師的態度，要說
話讓對方知道自己在哪裏、通報自己的位置，是一種禮。而廢名這段話說的
是賣燒餅的人因爲見有老太太帶了孫兒孫女出來，連忙吆喝。這兩處用典的
效果就建立在兩個典故原義和新義並列的關係上。原義是關乎操守、「禮」的
重大問題的討論，新義是背糞桶人的走走停停和賣燒餅人的吆喝，原義與新
義的並列生成了這種輕鬆有趣的效果。

（2）原義與新義意義上的遠近

　　在原義和新義的關係中，兩者在意義上可能相距較近，也可能相隔較遠。
相距較近的意義可以從同方向、反方向類比的角度來考察，相隔很遠的意思
則從距離感的取消上來思考。

　　首先看同方向的情況。如果說，一個蘋果加一個蘋果可以變成兩個蘋果，
原義、新義同方向的效果不見得如蘋果相加這樣簡單，但如果由一個現代的
女子想到一個古代的女子，兩個女子共同的部分得到了重疊，不同的部分得

〔註73〕廢名：《莫須有先生坐飛機以後》，《文學雜誌》1947年9月第2卷第4期。
〔註74〕廢名：《莫須有先生傳》，開明書店1932年版，第92～93頁。

到了疊加，則這種美麗是經過加強的美麗，是在同方向上加強了。廢名作品中這方面的例子很多：「轉過山阿，忽然看見那邊山上，天邊，蛾眉之月，那這個春天才美哩。若有人兮天一方！」〔註75〕這個例子中，廢名想寫的是一眉新月，他先想到古代的一個熟典，以女子的「蛾眉」來寫月亮，這個用典還比較平常，不太引起讀者注意。但他為這個月亮設置了一個背景，「轉過山阿，忽然看見那邊山上，天邊」，不由令人驚歎果然一個背景對於所寫事物很有關係，這樣的一個月亮就很突出了。加上「這個春天」的點明時令，一下子將這鈎新月寫得十分新小，緊接著一個用典是神來之筆：「若有人兮天一方」。「天一方」扣合了前面對新月背景的描寫，而「若有人兮」將一個不可企及的美人寫得神光離合、乍陰乍陽，於是這個月亮將「蛾眉之月」的清新、嫵媚和「若有人兮天一方」的飄逸、空靈、遙想，疊加在一起了，使人印象深刻。

　　如果是反方向類比，則兩種意思在對照中得到加強，各自的形象都很鮮明：「走進柳陰彷彿再也不能往前一步了。而且，四海八荒同一雲！世上惟有涼意了──當然，大樹不過一把傘，畫影為地，日頭爭不入。」〔註76〕「四海八荒同一雲」出自杜甫的《秋雨歎三首》其二：「闌風伏雨秋紛紛，四海八荒同一雲。去馬來牛不復辨，濁涇清渭何當分。……」〔註77〕在杜詩中，這四海八荒同一雲的「雲」非常大，是雨雲。所以兩涘渚涯之間不辨牛馬、涇渭都溢出河道混合在一起……而廢名的這句文章是一個大晴天，小林所立的柳蔭是四海八荒唯一的一塊遮太陽的「雲」。這個雲雖然小，因為小林在其下，也能使得「世上惟有涼意」。所以「同一雲」在這個句群中「暮雨朝陽」了，給讀者的對照感很鮮明，原義和新義在對照中得到了加強。

　　而兩個相距很遠的意思的並置，由於距離感的取消會給讀者留下深刻印象。有時，讀者如果對典故出處不很熟悉，或者如果閱讀在電光火石的瞬間就完成，他可能就直接接受那個新義了。但是如果讀者對某個典面很熟悉，或者他停下來回味一下，就會迅速在原義和新義之間作一個穿梭。這時，距離越遠的兩個意思放在一起，我們就越能體會到理性拉近兩個事物的強大力

〔註75〕廢名：《墓》，《棗》，開明書店 1931 年版，第 146 頁。
〔註76〕廢名：《橋》，開明書店 1932 年版，第 247 頁。
〔註77〕杜甫：《秋雨歎三首》其二，仇兆鼇注：《杜詩詳注》，中華書局 1979 年版，第 217 頁。

量，就越能獲得審美愉悅，也會越發驚歎於廢名的創造力、聯想力。試舉一例：「『只有我才實在同小孩子一樣，什麼時候什麼地方一下子就會做詩——哈，你看，我揉了一下子就好了，我說些什麼話都忘記了，我也曾在八卦爐裏煉了一遭，算得個火眼金睛，而且還加上一個畫題，叫做愁眉斂翠春煙薄，所以那猴眼所害怕的那有形而無身之煙我倒會取之而作顏料。』」〔註78〕

這裡的「愁眉斂翠春煙薄」被莫須有先生用來作爲孫悟空在八卦爐裏煉成的火眼金睛的「畫題」。「愁眉」者，被煙熏了也。「斂翠」顯然是煉成了火眼金睛，「金翠」向來是連文的。「春煙薄」則指代八卦爐裏的煙。廢名開心地自詡「猴眼所害怕的那有形而無身之煙我倒會取之而作顏料」，「愁眉斂翠春煙薄」本是《花間集》上一句形容女子愁眉的詞，他能以其形容孫悟空在八卦爐裏所遭之煙熏，實在是很會取用顏料。這種本來相距很遠的兩個意思的並置就需要理性來拉近它們，讀者在驚歎不置之時也就感受到廢名用典時的巨大創造力。

（3）原義與新義交互作用

交互作用，是康德《純粹理性批判》中十二範疇表中的一個範疇，說的是作用力與反作用力之間的關係。這裡我借用來表示原義、新義的相互關係。我從三個方面來分析交互作用，首先是「落空」和「隱含」元素的對照，其次是「虛」與「實」的轉化，最後是原義與新義相互交織、生成。

首先看「落空」和「隱含」元素的對照。在本節第一部分我們討論到，廢名對典故發展出新義的方式是對典面的一些組成部分賦予新義，於是典面中的另一些組成部分出現了「落空」現象，即這些部分在新的語境中不發揮意指功能，沒有對應物，但它們在廢名的新語境中不是可有可無的，它們的作用是提示原先語境的存在，是加強原義和新義共存效果的語詞標誌。試舉一例說明：

> 這一低眉，她把她的莫須有先生端端正正地相了一相了，慈母手
> 中線，游子身上衣了，莫須有先生的可憐的皮骨她都看見了。〔註79〕

這個句子中，「慈母手中線，游子身上衣」中的「手中線」、「身上衣」都屬於「落空」的語素，廢名在上下文中想表達的意思是她用如同慈母看游子一樣專注的眼光將莫須有先生端端正正地相了一相了。而「手中線」、「身上衣」

〔註78〕廢名：《莫須有先生傳》，開明書店1932年版，第148頁。
〔註79〕廢名：《莫須有先生傳》，開明書店1932年版，第35頁。

可以引入孟郊詩歌的語境，我們可以感覺到房東太太慈愛的眼神、希望有益於莫須有先生的一片心意。也就是說，雖然這裡它們沒有具體的所指，但它們所承載的意義卻加在了廢名想表達的意思之上。也就是說，任何語素都是一個能指，它們指向某一個所指。即使它們在句中沒有對應物，並不指向它們的所指，它們卻仍將它們在別處的所指帶進了這個語境，形成一個「增加」、「附加」的作用。這種作用增加了文章的容量。

有「落空」，同時也有「隱含」元素。有時廢名對一個典故的引用不將典面說完全，而典面隱去的部分同時參與了廢名想表達的意思。從典面上看，廢名作了減法，但在效果上仍然同「落空」一樣，是一個加法。也就是說，典面一旦出現，即是帶著它原來語境中的諸多因素出現的，它們都參與生成了原義和新義並存的效果。如下面這個例子：

> 說著她幾乎要援之以手，怕莫須有先生從此杳然了，昔人已乘黃鶴去了，那她的房子可又要閒著了。〔註80〕

「昔人已乘黃鶴去」與「那她的房子可又要閒著了」連起來，說明了房東太太希望莫須有先生租她的房子，而典故的下一句「此地空餘黃鶴樓」與「那她的房子可又要閒著了」是等價的關係。也就是說，廢名在這裡用到了隱含著的下一句，「隱含」元素參與了原義和新義的交互作用。

「落空」元素由於沒有對應物而顯得比較「空」，這樣就有一種迷離的效果，彷彿霧裏看花，能在文章中留出空白。讀出「隱含」元素彷彿猜謎，謎面出現在文章中，謎底就是「隱含」的元素，如果能讀出它來，自然產生愉快的感覺。而且「隱含」元素的這種「藏在裏面」，本身構成了一種有趣的效果。

以上是「落空」和「隱含」元素的對照效果，下面我們進入第二個角度，「虛」與「實」的互相轉化。這是就字面義與比喻義、引申義的互相轉化而言的。典面是一個言語符號，它在出處即很可能從字面上引申到象徵義或比喻義上去，而在廢名的作品中，非常可能它就是作為一種字面義在使用著。這樣，典面的象徵義與字面義就會產生一種「虛」與「實」互相轉化的效果。從邏輯上說，字面義是「實」的，比喻義和引申義是「虛」的。但由於我們對典故的象徵義和比喻義早已熟稔，所以它們反而成為某種比較固定的「實」的東西，字面義卻變成飄渺空靈的「虛」了。於是在這種並置情況中，以典

〔註80〕廢名：《莫須有先生傳》，開明書店 1932 年版，第 36～37 頁。

面爲基礎，字面義（虛）和象徵義（實）不停地作虛實相互轉化的運動。在運動中，這個句子變得非常靈動。舉個例子說明：

> 他的視線乃再翻一葉那手中扇，其搖落之致，靈魂無限，生命眞是掌上舞了，但使得他很有一個幼稚的懊喪，人家再也不同他說話了。那人同琴子交談。〔註81〕

這段話中，拿著扇子的是大千。「生命眞是掌上舞」寫的是她手中扇子的「搖落之致，靈魂無限」。趙飛燕能作「掌上舞」是這個典故的出處，而據《後漢書》，趙飛燕並非眞的能在人的手掌上舞蹈。且不管實際情況是怎樣的，這個典故長久使用的是它的比喻義，即比喻女子身體輕盈。但是在廢名的這個使用情況中，他是眞的指扇子在大千手上的翻轉是「掌上舞」。這個典面中，「掌」、「上」、「舞」三個元素在廢名的句段中都實有所指，但由於它打破了慣用的比喻義，顯得新穎別致。同時，飛燕掌上舞雖然是一個太熟的典故，但它一旦回覆到舞蹈動作的意義層面上（因爲廢名寫的是扇子的動作，所以這個熟典就容易使我們回覆到對飛燕可能的舞姿的聯想上），它就打破了原來的那種比喻義的僵化的形態，飛燕之凌風起舞也對扇子的搖落之致產生某種映像。這樣，這一葉之扇的姿態就在字面義與原義的「虛」、「實」之間不斷轉化，產生特別的審美效果。

第三種情況是原義與新義的相互交織、生成。有時，典面因爲某一個組成部分的多義性，本身就有幾種解釋的可能、就有幾種意思的並存現象。廢名將它移入自己的文章，往往是看重其中的一種或幾種意思，經過選擇，將其與自己想表達的意思聯繫起來。廢名想表達的意思也等於是增加了同一個典面的「成像」，造成更加複雜的意思並列，同時他自己的意思還和典面的各成分之間構成互相交織、生成的關係，使得一個段落中的原義和新義處於一個動態的反覆生成的過程中。例如：

> 琴子拿眼睛去看樹，盤根如巨蛇，但覺得到那上面坐涼快。看樹其實是說水，沒有話能說。就在今年的一個晚上，其時天下雪，讀唐人絕句，讀到白居易的《木蘭花》:「從此時時春夢裏，應添一樹女郎花」，忽然憶得昨夜做了一個夢，夢見老兒鋪的這一口塘！依然是欲言無語，雖則明明的一塘春水綠。大概是她的意思與詩意不

〔註81〕廢名：《橋》第三卷，見《竹林的故事》集，廣西師範大學出版社 2003 年版，第 348 頁。

一樣，她是冬夜做的夢。〔註82〕

其中，《木蘭花》的詩題全稱爲《題令狐家木蘭花》，詩的前兩句爲：「膩如玉指塗朱粉，光似金刀剪紫霞。」用兩個纖穠的比方寫木蘭花的質地和顏色，然後說「從此時時春夢裏，應添一樹女郎花」。「女郎花」一詞的出現，可以從兩個層面來理解：一是《木蘭辭》中木蘭從軍的故事，「木蘭花」因與「花木蘭」字面相似，被稱爲「女郎花」。二是因爲這株植物「膩如玉指塗朱粉，光似金刀剪紫霞」，像一個女郎一樣美麗，因此是「女郎花」，而非「隱士花」等等。於是，「女郎花」三字就將這兩層意思綴在自己的身上，形成重疊的幻美形象。而此詞與前面的「春夢」〔註83〕、「夢者爲誰」聯繫起來，又形成了更大層次上的多義。

根據夢者爲誰，這句詩可以有兩解：其一，從此白居易的夢裏，時時應添一樹美麗得像女郎一樣的木蘭花。其二，從此美女子的春夢裏，時時應添一樹這樣美麗的花。白居易的意思應該是偏重前者的，這種理解是最順達的。由「春夢」可以引起更多的解釋。

這個由「女郎花」引起的兩層意思、由詩句引起的更多解釋在白居易詩中形成了多層聯繫，它也引起了廢名的注意〔註84〕。於是他寫到琴子在冬天做了一個夢、夢見老兒鋪這一口塘。廢名想表達的意思是，琴子冬夜讀到白居易的《木蘭花》，引起她憶得「昨夜」做的一個夢。這裡的「昨夜」，是讀到《木蘭花》時的「昨夜」，是一個冬夜。冬夜的夢裏是老兒鋪的這一口塘。白居易這首詩說美麗的花可以進入一個春夢，而琴子想起了前一天晚上，也有老兒鋪的這一口塘入夢。這是與白居易「女郎花」詩意的同方向類比。

「一塘春水綠」是夢中的春水綠，還是當下的春水綠呢？廢名沒有明言。如果是夢裏的一塘春水綠，夢裏是「欲言無語」。廢名接著又說，「大概是她的意思與詩意不一樣」，又拉開了此前在老兒鋪入夢與木蘭花入夢之間建立的相似性。廢名說琴子這個夢是冬夜做的夢，白居易的詩是在春天做的夢。冬天的夢與春夢的意境可能不一樣。這是廢名對白居易「春夢」的相反方向的

〔註82〕廢名：《橋》，開明書店 1932 年版，第 250～251 頁。

〔註83〕「春夢」可理解爲春天的夢、相思的夢，甚至夢見春天的夢（在廢名用典中，這最後一種解讀不罕見）。

〔註84〕「女郎花」的第二層意思廢名在《橋》第二卷《第九章　燈籠》中用到了，即「忽然她替史家莊惟一的一棵梅樹開了一樹花」，梅樹上的花是琴子替它開的，也就是琴子是梅。

呼應。

如果這個「一塘春水綠」說的是琴子在茶鋪裏看到的情景，則「依然是欲言無語」標誌著琴子離開了對夢境的回憶，看到眼前的春水塘上，並且與段落開頭的「看樹其實是說水，沒有話能說」呼應。同時又總體性地反觀冬夜的夢，說「大概她的意思與詩意不一樣」。

可是兩個夢能在什麼地方不一樣呢？如果除了時間上的不同，一個是樹入夢，一個是塘入夢，會有本質性的區別嗎？或者春天的景物進入春天的夢，是應時應景；春天的景物進入冬天的夢，是一種憧憬嚮往？

此外，廢名在段落開頭寫到的「盤根如巨蛇」的樹「到那上面坐涼快」，暗示著夏天快到了，於是當下在老兒鋪的所見兼有春、夏的特點，同時它與冬夜夢到老兒鋪的塘在時間上變換不定，與白居易的詩歌中的元素發生呼應。還有「盤根如巨蛇」的樹與「一樹女郎花」的「樹」也能形成某種程度的對應。

在這個段落中，白居易詩中的「女郎花」、「樹」與「春夢」分別對應了「琴子」、「老兒塘邊的樹」和「冬夜的夢」，並產生了上面所分析的多重意義。通過上面詳細的分析，我們可以看出，廢名只選擇了白居易對「女郎花」一詞的一種理解，就在「春」、「夢」、「春夢」、「女郎」、「花」、「樹」這幾個語素上，從各個角度在當前義中生成某種理解，使得它們與白居易詩句的對應關係顯現出複雜的面貌。讀者要想將它們之間的關係想清楚，需要一定的時間長度。

從上面不同角度的分類我們可以看出，原義和新義的並存使得同樣的字面增加了數倍的意思，極大地豐富了文章的內容。閱讀時讀者不可能一眼獲得對文句的全部理解，他需得經過一個理解文句的語境義、思索典故的原義、比較兩者之間的關係、欣賞其中的種種可能等幾步過程。在欣賞上首先造成了一個延長感受時間的作用，使得讀者不可能對意思一覽無餘。同時在這個過程中，對典故原義的識別還有一個知性認知的作用。

其次，上面的分析顯示出典故的原義和新義可能形成種種複雜的關係，承載作者對古今區別和聯繫的思考，這加深了文章的深度，使文章具有立體的結構。

關於這種原義和新義並存的現象會不會引起「晦澀」，影響到讀者的閱讀理解的問題，在緊接著的下一段落將做進一步思考。

（三）廢名用典中的「晦澀」

前一章「廢名創作的思想特徵」裏，曾從廢名的「省略」，給日常物象賦予他自己思考的意義，以及對日常生活的有意隔離和超越等角度思考造成廢名「晦澀」說法的原因；提出廢名在行文中多所照應、解釋，爲讀者讀解他的意圖指示了道路。本節試圖從廢名用典的這個角度來思考「晦澀」問題。

1、廢名的用典不造成晦澀

首先，與中國歷史上以用典著名的庾信、李商隱相比，廢名所使用的典故來源都不生僻。他在《橋》中所引詩詞出自唐代幾位著名詩人的格律詩或爲人熟知的「捨身飼虎」的佛典。在《莫須有先生傳》中廢名運用的典故主要來自《論語》、《孟子》，在《莫須有先生坐飛機以後》中使用的典故也來自《論語》、《莊子》、陶淵明詩等經典作品。在典面中很少出現生僻的字詞，偶爾有不常用的用法，廢名也會在白話文中找到相應的表達作個替換，這在本節第一部分，「改變典面」中的「通俗化」一段已有闡述。

其次，正如前面討論的，廢名用典主要用的是典故的新義，他給典故的字面賦予新義。也就是說，廢名的用典是沒有「深度」的，他不用典故的原義來暗示、比方或象徵某種東西，也即他的用典是沒有寄託的。這一點，在他解釋別的詩人的作品中也表現得非常明顯。這一點在下文「廢名明確地拒絕用典的『晦澀』」中將有詳細分析。

爲了進一步解釋清楚自己用典的意思所在，廢名會在語境中爲典面中的元素落實相應的對應物，或者增加解釋來說明他關注的是典面的哪一點，因此典故的指涉性是明顯的。下面這個例子可以約略說明廢名的態度：

> 「春眠不覺曉，處處聞啼鳥。」
>
> 細竹唱。未唱之先，彷彿河洲上的白鷺要飛的時候展一展翅膀，
>
> 已經高高地伸一伸手告訴她要醒了。這個比方是很對的。〔註85〕

「已經高高地伸一伸手告訴她要醒了」提示了「春眠不覺曉，處處聞啼鳥」是細竹將醒未醒、即將醒來時的隨口一唱，提示這裡用這句詩是寫細竹的容止的，而且提示我們細竹爲什麼會唱這一句詩，因爲她「春眠不覺曉」而「曉」了。「處處聞啼鳥」是虛寫，有可能此時正鳥聲盈耳，也有可能她只是順著前一句詩唱下來了。而廢名覺得這樣落實對應物可能還不夠，又打了一個比方

〔註85〕廢名：《橋》，開明書店 1932 年版，第 169 頁。

「彷彿河洲上的白鷺要飛的時候展一展翅膀」，這樣與「啼鳥」有所呼應，可算是為第二句詩作了個對應。這樣的用典不晦澀。

再次，廢名在用典中也有用到典故原義的時候，但他同樣在語境中作了對應和解釋。如下面這個例子：「因之莫須有先生也十分高興，他想起陶詩『得歡當作樂，斗酒聚比鄰』，等他到這裡安居以後，他要常常請客，請石老爹喝酒了。」〔註86〕這裡，廢名用的是「得歡當作樂，斗酒聚比鄰」〔註87〕的原義，緊接著在語境中作了對應和解釋：「等他到這裡安居之後，他要常常請客，請石老爹喝酒了。」這樣用典的意義指向非常明確。

此外，廢名偶而也有用典而將他想說的意思「隱含」起來的時候，但這樣隱晦的寫法在廢名作品中只有一例，是關乎小林和狗姐姐的故事的，在《橋》這樣一種風格的小說中這個故事是不可直陳的，這個例子是：

　　「唉，天地者萬物之逆旅，應該感謝的。」

　　　這是忽然又有所思了，坐在那裡仰望起狗姐姐來了。〔註88〕

這段話中，「天地者萬物之逆旅」出自李白《春夜宴從弟桃李園序》：「夫天地者，萬物之逆旅。光陰者，百代之過客。而浮生若夢，為歡幾何？古人秉燭夜遊，良有以也。況陽春召我以煙景，大塊假我以文章。會桃李之芳園，序天倫之樂事。……」〔註89〕李白這段話感歎人生短暫，因此應珍惜良辰美景、及時行樂，其語義的重心在「浮生若夢，為歡幾何」和「秉燭夜遊，良有以也」這兩句上。而小林只提起「天地者萬物之逆旅」的一句，其意是說萬物在天地中是轉瞬即逝的，我們對於此刻的現存是應該感謝的。在這時他從關於細竹、琴子的想像的唯美的境界中暫時脫離出來，想到狗姐姐。狗姐姐在小林的故事中是一個比較特別的人物，雖然她也是從廢名的想像世界中走出來的，但她因為與小林的曖昧而具有了另一種氣氛，彷彿與泥土、大地有更密切的聯繫。細竹、琴子可稱為「人間的華麗，如同干戈，起人敬畏」，而狗姐姐彷彿是溫暖的一個回憶，在小林面對天地光陰的久長、感覺人生的暫短無奈時可以從短暫的相遇的意義上給小林很多的安慰。

〔註86〕廢名：《莫須有先生坐飛機以後》，《文學雜誌》1947年7月1日第2卷第2期。

〔註87〕陶淵明：《雜詩十二首》其一，袁行霈撰：《陶淵明集箋注》，中華書局2003年版，第338頁。

〔註88〕廢名：《橋》，開明書店1932年版，第366頁。

〔註89〕李白：《春夜宴從弟桃花園序》，王琦注：《李太白全集》，中華書局1977年版，第1292頁。

廢名不願意將小林和狗姐姐的故事寫得很明白，他只是蜻蜓點水一般提到就過去了。但他在這裡用這個典同樣是作了交代的，正是「應該感謝」的感概與「這是忽然又有所思了，坐在那裡仰望起狗姐姐來了」的解釋，對前面的「天地者萬物之逆旅」起了注解的作用。如果沒有後面的解釋，單只有一句「天地者萬物之逆旅」，則形成晦澀。但廢名加了後面的解釋後，這個地方就不晦澀了。雖然要瞭解李白這段序的內容才能確切地把捉廢名寫這句話時的思路，但如果沒有讀過李白這篇序，僅看後面的解釋，讀者也是可以連貫閱讀下去的。並且這樣的例子在廢名作品中絕無而僅有。其他時候，廢名基本上是從字面意思來用典故的，而且在語境中有多方面的呼應和解釋，因此不需要知道典故的出處、原義也可以明白廢名想表達的意思。

2、廢名明確地拒絕用典的「晦澀」

廢名自己用典不僅不在「晦澀」上做文章，他還明確拒絕用典的「晦澀」。在《再談用典故》一文中，他兩次提到「晦澀」。其一為：「庾信也常借字面，但感情沒有李詩的重。李的感情重而詩美，庾信生平最蕭瑟。用典故卻不宜感情重，感情重愈生動愈晦澀。」其二為：「這都是適宜於寫故事，而作者是用典故，故晦澀了。總之典故好比是一面鏡子，他只宜照出你來，你不宜去照他。」﹝註90﹞從廢名兩次作出的「不宜」的判斷中，我們可以看出廢名在用典中是有意識地拒絕「晦澀」的。下面我們分兩個部分來討論，首先，廢名在分析古代用典名家的用典時，往往避而不談前代作家在典故中寄託的深意，只從文字表面來做精妙的文學欣賞。其次，情節性強的典故不宜通過用典來表現，因為用典是一種暗示的文學手法。

關於「李詩感情重而詩美，用典卻不宜感情重，感情重愈生動愈晦澀」的觀點，廢名在文章中點到即止，沒有進一步闡述他的想法。但我們可以看出，廢名是努力避免在用典時感情重和「晦澀」的。我們推測廢名的意思：一個詩人如果感情重，則遇到感情的關鍵部分就會曲折地表達，即尋找典故來寄託他的感情。而如果他們用的不是典故的字面義、是典故原義的話，首先讀者需要瞭解典故的原義；其次，一個典故的原義有很多指向性，作者的意思落在哪裏，是要通過對典故的全面瞭解和「悟」而體會到的。如果作者不明言他感情「重」的關鍵地方，則我們只能接觸到典故，只能從一個含有許多語素、許多指向性的東西去揣度作者的意思重心落在哪一點上。廢名提

﹝註90﹞廢名：《再談用典故》，《廢名文集》，東方出版社2000年版，第289頁。

出的「感情重而詩美」的李商隱恰恰是一個善用典故寄託義的作家，他用典
的名句幾乎無不牽涉到寄託，以至於尋找李商隱詩歌本事或微言大義的注解
家們高議紛紜。而廢名在鑒賞李商隱詩歌時於這一點上毫不費心力，他談李
商隱的用典、神仙故事、女子故事，鑒賞李商隱「水仙欲上鯉魚去」、「嫦娥
應悔偷靈藥」等詩句時，都是大談李商隱用神仙典故如何充滿人情、包含理
想，雖然他曾在《談新詩》中一語帶過李商隱是對於現實的感覺太濃、勢非
跑到天上去不可，但他從來不提李商隱詩歌中的寄託問題。

　　有寄託意，則往往會引起晦澀。因爲寄託是所言非所指，是「醉翁之意不
在酒」。李商隱很多詩詞的用典有寄託意，如果他用的是當時的「今典」，那幾
乎是不可解：由於當時的事情沒有流傳下來，我們很難知道作者的意思。如果
他用的是我們知道的典故，也有可能因爲寄託義的過於隱晦而令讀者不解。當
然，在廢名看來，這些都不是問題，他向來不關注李詩的寄託義，只要看字面、
看形式就好了。這方面例子非常多，如：「過水穿樓觸處明，藏人帶樹遠含清」，
這是寫月亮的，這個藏的人是嫦娥、還是李商隱思念中的女子，現在幾乎不能
知道了。這樣形成幾種意思並存的情況在廢名作品中是找不到的。

　　有時李商隱詩中的一些典故所指方向不明確。他用了某個典，卻把究竟
用這個典故哪一點意思的暗示信息抹掉，令讀者難以明白他的所指。這方面
例子很多，如：「若是曉珠明又定，一生長對水晶盤」，「曉珠」說的似乎是太
陽、「水晶盤」說的是月亮，可是爲什麼「曉珠明又定」會讓作者「一生長對
水晶盤」呢？這句話中可能還包含著其他典故。也就是說，由於李商隱想用
典故的哪個意思並不明確，這也會產生多種意思並存。這在廢名作品中是非
常少見的，廢名總是在語境中從多方面對他用典的意思所在予以呼應、提示
和解釋。此外，李商隱一些詩句中各典故的邏輯關係也可作多種理解，他的
「滄海月明珠有淚」就是一個用例。「滄海月明」與「珠有淚」究竟是因果關
係，還是並列、遞進、反襯關係？用很多種邏輯關係都可以說得通，因而產
生了複義結構。廢名的用典中也沒有這種情況。

　　李商隱有一類原義和新義的並存情況與廢名相同，即是對典面中某部分
賦予不同於原典故的意義，這方面的例子也爲廢名注意到了。《談用典故》中，
廢名舉出李商隱詩句「好爲麻姑到滄海，勸栽黃竹莫栽桑」中「黃竹」本是
地名，但這裡被李商隱用成一個與「桑」對比的植物了。這種原義、新義的
關係與廢名對典故的運用是相同的。經過簡單的分析可發現，由於李商隱的

用典經常存在寄託，所以其意義指嚮往往不明。而廢名在自己的用典中很少寄託，是他明確拒絕用典的晦澀的表現之一。

關於寄託，廢名有名的對庾信《小園賦》中兩句詩的欣賞「龜言此地之寒，鶴訝今年之雪」也是一個很能說明廢名拒絕用典的寄託義的例子。廢名在《莫須有先生坐飛機以後》中詳細引用了庾信這兩句詩所用的兩個典故：「秦苻堅時有人穿井得龜，大二尺六寸，……堅以石爲池養之，十六年而死，取其骨以問吉凶，名爲客龜。卜官夢龜言：『我將歸江南，不遇，死於秦。』」、「晉太康二年冬大寒，南州人見二白鶴語於橋下曰：『今茲寒不滅堯崩年也。』於是飛去。」廢名並從文學鑒賞的角度對庾信的這句詩作了精彩的審美分析：「即如龜言寒，鶴訝雪，我們何必問典故呢？不是天下最好的風景嗎？言此地之寒者應是龜，訝今年的雪大莫若鶴了，是天造地設的兩個生物。一個在地面，在水底，沉潛得很，它該如何地懂得此地，它不說話則已，它一說話我們便應該傾聽了，它說天氣冷，是眞個冷。……一個在樹上，在空中，高明得很，它該如何地配與雪比美，所謂白雪之白，白羽之白，所以鶴說：『呀，好大雪！』是眞個茫茫大地皆白了。」〔註91〕廢名的文學欣賞可稱美輪美奐，可是偏偏一字未提庾信寫《小園賦》的心情：庾信寫這個園子是表達他的鄉關之思的，所以這兩個典故里，江南的客龜、堯崩年的語鶴，一個羈留異地不得歸江南、一個見證了聖人的崩殂而覺寒冷，這兩個生物身上有庾信的自況和寄託。庾信既成功地改造典故、爲北方的小園作了精美絕倫的景物描寫，又在兩個典故里有所寄託，兩個生物不僅是寫景的天造地設、也是表達庾信思念江南和梁朝的天造地設，而且庾信還將這個句子寫得這麼清澈絕塵。但廢名對庾信的寄託義不關一字，這更充分說明廢名對於作家在用典時的寄託義是不關心的。從上面的分析我們可以看出，廢名在解詩時只從典故的字面義理解庾信、李商隱的用典，拉開與典故寄託義的距離。在自己的創作中更是爲典故從字面上賦予新義，都是明確地拒絕用典的「晦澀」的表現。

其次是關於情節性強的典故的運用問題。廢名在《再談用典故》中陳述他對中國文學的認識，認爲中國文學沒有故事只有典故，其表現方法是聯想、點綴，指出如果中國文學裏需要寫故事，用典故來暗示是行不通的，並舉出李商隱的兩首詩「嫦娥應悔偷靈藥，碧海青天夜夜心」和「過水穿樓觸處明，

〔註91〕廢名：《莫須有先生坐飛機以後》，《文學雜誌》1948 年 7 月第 3 卷第 2 期。

藏人帶樹遠含清」爲證。其中第二首寫月亮裏頭有女子有樹，月光照了其他地方，卻藏了自己，廢名指出它們情節性強，宜於用戲劇表現；如果用典故來暗示，會造成晦澀。從這裡再次看出，廢名有意識地避免在用典中造成晦澀。這也可以解釋《橋》第一卷開頭的幾處用典在引用傳說風俗時，都是用講故事的方法來陳述，而非用典故暗示的方法來寫。

廢名關於典故好比一面鏡子的比方，爲他所有拒絕「晦澀」的做法提供了根據。鏡子是「我」的一個對照，是通過它顯現出「我」來。爲了顯現出「我」，典故不宜晦澀。如果展開來說，鏡子是人用來自照的，並非人是鏡子用來自照的。如果「我去照他」，我用我的理解去發明、描寫一個典故，也即「我」爲「輔」、典故爲「主」，這種做法將典故延展開來、發展開來，卻已不是廢名理解的「用典」了。用典者，以典來照我，即是以「我」爲主、典故爲輔，典故是爲了表達我的意思而出現在文中，類似於「六經注我」的意思，是我「成熟的溢露」。廢名的這一觀點體現在他的小說中，他從不曾爲用典而用典，他的典故都是爲助成他的意思而用的。廢名關於「典故照我」的主觀追求，避免用典時加進寄託，以及對情節性強的典故以故事的方式來體現，都表現出他明確地拒絕用典的「晦澀」。

二、廢名小說用典與中國新文學史背景

廢名的用典與新文學首倡者提出的「不用典」之間關係如何，是廢名小說用典研究中必須面對的一個問題。本節將說明新文學提倡者的「不用典」並不是拒絕一切典故，胡適「八不主義」中的「不用典」指的是不用拙劣的含混的典故。周作人及與廢名同時期作家的作品中存在的用典現象構成了廢名用典的時代背景。本節還將說明：一方面，廢名的用典構成了現代文學文本與傳統文學的聯繫；同時，另一方面，廢名小說用典與古人用典的不同反映出廢名小說用典的現代意義。

（一）古今人關於用典的不同理解

閱讀廢名及古代人的用典，可以明顯感覺到兩者的不同，可將其概括爲古人的尊古傾向與廢名的平視古今。

古人認爲前代的事對當下有借鑒作用，因此很多情況下從比況的角度來用典：或者通過詠前代人事表達對當下的興亡感慨，希望能有所鑒戒；或者

「借他人之酒杯，澆自己之塊壘」，以前代人的相似經歷表達自己的身世之感。如果一個作者所用典故在各方面與他想表達的意思能建立起相似、相反等強烈的關聯，則他屬於用事高妙的作家。庾信、李商隱有大量用典正是借前代人事來比況他們當時所見所聞的各種情形：庾信《哀江南賦》中的用典幾乎都可以算作此類，李商隱寫神仙的詩也多有寄託。

而廢名身在現代。西方的觀念、思潮和眼光進入了中國，其中進化論產生了廣泛影響，現代人幾乎很少再有尊古、崇古思想。廢名顯然不取古人的尊古思想，他同時反對進化論，他的態度是平視古今。這表現在很多方面：其一是在作品中大量用典、在語境中賦予典故新義，並著力從戲擬的角度發掘典故，使典故原義、新義並置形成獨特的樣貌，同時體現出古今人思想的聯繫，體現出他對《聖經》「日光之下無新事」一說的贊同。其二是他在《阿賴耶識論》中全力批判進化論——他稱之為「現代社會的幻想」，在《莫須有先生坐飛機以後》中廢名也有大量散論批評進化論，廢名想說明古人、今人的言論沒有大的區別，孔子和弟子們偶語詩書等於莫須有先生在鄉間給孩子們上課。

這種情況下，古代文本不再是愈古愈尊了，古今中外的文本成為了共時的存在，廢名可以以他喜愛的方式來使用這些材料。這時，像古代作家那樣用古人的事來比況自己的情感，幾乎是不可能的事了。因為現代的一個突出特色是要寫出個體，用比況來表達即使再精當，也只是一種不精確的模糊的類比。此外，詠史以寄託興亡或以古鑒今的做法顯然也不為廢名所喜。廢名不關注宏大主題，只關注個人的感情。從前面討論的廢名用典用的是典故的字面義、對寄託義不感興趣，對庾信李商隱用典的解讀也避開寄託義等等特點，可以看出廢名不重視用典作為寄託主旨的功能。

廢名用典與古人用典的面貌不同，還可以從體裁的變化尋找一些原因。

一種新的文學體裁初產生時，作品中的用典往往較少，而用白描的情況較多。如詞初出現時，《花間》集、《尊前》集寫少女的儀態，都很少用典。但詞體發展到後來，用典逐漸增多，原因有幾點：一是詞漸漸不僅寫情，還詠古人、詠史，這種情況下必然用到典故；二是後來的詞人「以詩入詞」、「以文入詞」的做法，必然將另兩種體裁中的用典帶入詞中；三是初期詞作中的白描已曲盡了某些情態，積累了大量的成果，成為留給後來詞人的遺產，為後代詞人所注意和引用也就「事有必至，理有固然」。

　　廢名其時處於新文學的初創期，白話剛開始成爲文學語言。當時一定有許多作家覺得天上地下什麼都可以寫，有一種開天闢地的興奮。這時典故可能在白話文中就不太引起注意，而廢名注意了它，並在字面的意思上使用典故。同時我們注意到，隨著白話越來越成爲人們的言語工具，廢名使用典故字面義的這種方法具有了古人未嘗有的優勢，因爲文言與白話區別較大，典故的字面越來越容易拉開與原義的距離，也就更容易爲典面中的不同部分賦予新義、形成兩種或幾種意思的並置了。

　　廢名在《以往的新文學和新詩》中，曾解讀了溫庭筠的詞和李商隱的詩。他說兩位作家都馳騁自己的幻想，說溫庭筠的詞幾乎不用典故、只是辭句麗而密；說李商隱的詩彷彿只在故紙堆中〔註 92〕。這其實正足以說明文學體裁的變化會引起用典情況的變化。

（二）廢名用典的新文學背景

　　廢名用典的背景，可從當時文學界的思潮與創作兩方面看。思潮方面，有胡適「八不主義」中「不用典」的界定在前，有廢名的老師周作人十餘年裏文學觀的變化在後。創作方面，廢名師友的大量創作都對用典有所嘗試。

　　廢名小說中的大量用典，可以看成對新文學運動以來「不用典」風氣的回應之一。1917 年胡適那篇著名的《文學改良芻議》提出了新文學要改革的「八事」，其中明確提出的一條是「不用典」。但是細細看來，胡適並不是一般地反對用典，他對「六曰不用典」的說明文字是「八事」中最長的，可見「用典」所包含的內容比較複雜，胡適在論述這個問題時是很注意分寸的。胡適說：

　　　　（一）廣義之典非吾所謂典也。廣義之典約有五種：（甲）古人所設譬喻，其取譬之事物，含有普通意義，不以時代而失其效用者，今人亦可用之。……（乙）成語。……（丙）引史事。……（丁）引古人作比。……（戊）引古人之語。……若此者可用可不用。（二）狹義之典，吾所主張不用者也。吾所謂用「典」者，謂文人詞客不能自己鑄詞造句以寫眼前之景，胸中之意，故借用或不全切，或全不切之故事陳言以代之，以圖含混過去，是謂「用典」。上所述廣義之典，除戊條外，皆爲取譬比方之辭。但以彼喻此，而非以彼代此也。狹義之用典，則全爲以典代言，自己不能直言之，故用典以言

之耳。此吾所謂用典與非用典之別也。狹義之典亦有工拙之別，其
工者偶一用之，未爲不可，其拙者則當痛絕之。〔註93〕

從上面的引言可以看出，胡適先通過「以彼喻此」和「以彼代此」區分了「廣
義之典」和「狹義之典」，又在「狹義之典」中區分了「用典之工者」與「用
典之拙者」，提出「用典之拙者」才是應當「痛絕之」的。可見胡適在提出「不
用典」這一條時非常謹慎，他並沒有將「用典」現象一下子全推倒。如果我
們仔細推敲胡適的論述就可發現，將「六曰不用典」這條替換成「不用拙劣
的試圖含混過去的用典」，是更準確的表達。可見在新文學運動初期，倡導者
們對於「用典」問題並不持嚴厲的態度。

　　但「王言如絲，其出如綸；王言如綸，其出如綍」〔註94〕，胡適的謹慎
態度未必爲當時人所領會，很可能人們一看「不用典」這個標題就武斷地作
出了避免用典的判斷。不過即使如此，胡適在排列「廣義之典」各類別時，
也仍說「若此者可用可不用」，這與廢名的觀點——「中國的好文章，要有典
故才有文章！……是必有文章的，因此也必有典故」的區別是很明顯的。雖
然廢名這段話是就古代詩文用典的情況而言，但可以推知他與胡適關於用典
的看法是不同的。

　　與胡適相比，周作人對廢名的影響更深遠。周作人在新文學運動初期對
純藝術派持批評的態度，反映在寫於 1918 年 12 月 20 日的《平民的文學》一
文：

　　　　純藝術派以造成純粹藝術品爲藝術唯一之目的，古文的雕章琢
　　句，自然是最相近；但白話也未嘗不可雕琢，造成一種部分的修飾
　　的享樂的遊戲的文學，那便是雖用白話，也仍然是貴族的文學。……
　　倘如將可以做碗的磁，燒成了二三尺高的五彩花瓶，或做了一座純
　　白的觀世音，那時我們也只能將他同鍾鼎一樣珍重收藏，卻不能同
　　盤碗一樣適用。因爲他雖然是一個藝術品，但是一個純藝術品，不
　　是我們所要求的人生的藝術品。〔註95〕

在新文學運動初期，周作人倡導「做碗的磁」，對於「二三尺高的五彩花瓶」、

〔註93〕 胡適：《文學改良芻議》，《新青年》1917 年 1 月 1 日第 2 卷第 5 號。
〔註94〕 《禮記·緇衣第三十三》，王文錦譯解：《禮記譯解》，中華書局 2001 年版，
　　　　第 826 頁。
〔註95〕 周作人：《平民的文學》，《藝術與生活》，群益書社 1931 年版，第 2～3 頁。

「純白的觀世音」等雖也「珍重收藏」，卻有「不是我們所要求的人生的藝術品」之歎。怪道他後來自嘲說自己這一時期的種種議論是「滿口柴胡」了。時隔不久，在 1923 年前，周作人在《自己的園地》裏就表示對「爲人生的藝術」和「爲藝術的藝術」的提法之不滿，提出他的「人生的藝術」的概念：

> 以個人爲主人，表現情思而成藝術，即爲其生活之一部，初不爲福利他人而作，而他人接觸這藝術，得到一種共鳴與感興，使其精神生活充實而豐富，又即以爲實生活的基本；這是人生的藝術的要點，有獨立的藝術美與無形的功利。〔註96〕

寫《自己的園地》的周作人，充滿了理想主義的情懷，認爲「以個人爲主人，表現情思而成藝術，初不爲福利他人而作」的「獨立的藝術美」與「他人接觸這藝術，得到一種共鳴與感興，使其精神生活充實而豐富，又即以爲實生活的基本」的「無形的功利」可以不費氣力地兼具。同一時期，在《自己的園地》集的另一篇文章裏，周作人對新文學運動時曾關注的論題作了新的判斷：

> 只就文藝上說，貴族的與平民的精神，都是人的表現，不能指定誰是誰非，正如規律的普遍的古典精神與自由的特殊的傳奇精神，雖似相反而實並存，沒有消滅的時候。……我想文藝當以平民的精神爲基調，再加以貴族的洗禮，這才能夠造成眞正的人的文學。〔註97〕

「以平民的精神爲基調，再加以貴族的洗禮」，這句話中，何爲「基調」、誰來施洗是頗有意思的。與之前的另兩條材料比照，我們可以看出周作人對「貴族」一詞的好感與日俱增。之後，在 1932 年三四月間《中國新文學的源流》中，周作人說：

> 胡適之，冰心，和徐志摩的作品，很像公安派的，清新透明而味道不甚深厚。好像一個水晶球樣，雖是晶瑩好看，但仔細的看多時就覺得沒有多少意思了。和竟陵派相似的是俞平伯和廢名兩人，他們的作品有時很難懂，而這難懂卻正是他們的好處。同樣用白話寫文章，他們所寫出來的，卻另是一樣，不像透明的水晶球，要看懂必須費些功夫才行。然而更奇怪的是俞平伯和廢名並不讀竟陵派

〔註96〕周作人：《一、自己的園地》，《自己的園地》，北新書局 1928 年版，第 3 頁。
〔註97〕周作人：《四 貴族的與平民的》，《自己的園地》，北新書局 1928 年版，第 13～16 頁。

的書籍，他們的相似完全是無意中的巧合。從此，也更可見出明末
和現今兩次文學運動的趨向是相同的了。〔註98〕

「同樣用白話寫文章，他們（按：指俞平伯、廢名）所寫出來的，卻另是一
樣，不像透明的水晶球，要看懂必須費些功夫才行。」將這一判斷與周作人
此前 14 年在《平民文學》中寫的「白話也未嘗不可雕琢，造成一種部分的
修飾的享樂的遊戲的文學，那便是雖用白話，也仍然是貴族的文學。……因
為他雖然是一個藝術品，但是一個純藝術品，不是我們所要求的人生的藝術
品」對照起來看，幾乎針鋒相對了。周作人在「十字街頭」造塔，不再認為
純藝術品與「人生的藝術」矛盾，還覺得純藝術品是不可少的部分：「難懂
正是他們的好處」、「要看懂必須費些功夫才行」。此外，周作人還將俞平伯
和廢名的作品看作明末文學運動在現代的體現。我們可以把周作人的態度變
化看作一種對新文學運動以來關於胡適主張的思考。很多問題在思考中展現
出來。

由於廢名對周作人「夫人不言，言必有中」的欽佩，周作人的思想變化
對他有較大的影響。這從廢名 1926 年前後小說風格的變化，以及他在散文中
對西方和中國古代一些作品的稱賞往往與周作人的稱揚若合符節可以看出。

參考周作人創作中的「用典」，周作人中後期的散文中有大段引文，以致
得名「文抄公」，這與廢名的「用典」是同方向的用力。而周作人的「文抄」
與廢名的用典是不同的：

（1）周作人和廢名寫作的文體不同，導致他們用典的方法不同。

周作人寫散文，可以涉及各種材料、作大量的引用，所以他常常一段段地
抄錄原文，經常從典故的原義上使用典故；這與廢名以詩的手法寫小說的情況
是不同的。我們看散文化的《莫須有先生坐飛機以後》就可以較明白地看出這
一點。由於這部小說大量引進散文的質素，常就某一問題作長篇探討，這種情
況下，廢名的用典也往往用典故的原義，以此說明某一個道理了。

（2）周作人和廢名引用的目的不同，決定了他們所選用典故的生僻程度
有差別。周作人做文抄公有「接續」的意圖在，是在古書中尋找「人情物理」
健全深厚的思想，說給當代讀者聽。他在《苦竹雜記・後記》中說：

不佞之抄卻亦不易，夫天下之書多矣，不能一一抄之，則自然

〔註98〕周作人講校，鄧恭三記錄：《中國新文學的源流》，人文書店 1934 年版，第 52
～53 頁。

只能選取其一二，又從而錄取其一二而已，此乃甚難事也。……不問古今中外，我只喜歡兼具健全的物理與深厚的人情之思想，混合散文的樸實與駢文的華美之文章，理想固難達到，少少具體者也就不肯輕易放過。然而其事甚難。孤陋寡聞，一也。沙多金少，二也。若百中得一，又於其百中抄一，則已大喜悅，抄之不容易亦已可以不說矣。〔註99〕

可見周作人做的是文海披沙揀金的工作，這時倘若他抄的是人所共知的材料，豈不是取消了他這種做法的合理性嗎？而廢名的用典是要在典故中創造出新義，如果選擇太生僻的典故，新義與原義的並置不易為讀者所識別，用典的效果也不好，所以廢名會注意不用僻典。

在創作中與廢名經常形成交流的，還有俞平伯、卞之琳、林庚等人。他們的作品中也有大量的用古，但都沒有像廢名這樣有意識地將其作為一種美學追求。其中俞平伯喜愛的主要文體是散文，於是與周作人一樣，他在運用典故方面多用典故的原義來說明自己的觀點。除了用典部分，俞平伯的文字特點是字詞、句法較古拗。卞之琳以詩為主要創作形式，他的詩中也用古代典故，但這些典故不是卞之琳詩歌的重心所在，卞詩的意義和節奏重心全落在具有現代味的表述上。舉幾例說明：

> 蟪蛄不知春秋，/可憐蟲亦可以休矣！/至多像殘餘的煙蒂頭/在綠苔地上冒一下藍煙吧。（註100）

> 好累呵！我的盆舟沒有人戲弄嗎？/友人帶來了雪意和五點鐘。（註101）

> 鳶飛，魚躍；青山青，白雲白/衣襟上不短少半條皺紋，/這裡就差你右腳——這一拍！（註102）

這些地方可以看出，詩句的重心不在「蟪蛄不知春秋」、白蓮教某的盆舟故事、「鳶飛魚躍」等古代典故上，卞之琳用這些典故只是為增加一些顏料。他想表達的意思的靈魂和重心，是在典故後的「殘餘的煙蒂頭綠苔地上的藍煙」、「友人帶來了雪意和五點鐘」及「『你』右腳這一拍」上。

〔註99〕周作人：《苦竹雜記後記》，《苦竹雜記》，良友圖書印刷公司1936年版，第311～312頁。

〔註100〕卞之琳：《倦》，《魚目集》，文化生活出版社1935年版，第51～52頁。

〔註101〕卞之琳：《距離的組織》，《魚目集》，文化生活出版社1935年版，第15頁。

〔註102〕卞之琳：《無題二》，《十年詩草》，安徽教育出版社2007年版，第67頁。

而林庚的詩中是用典故畫一幅畫，如「簷間的雨漏乃如高山流水／打著柄杭州的油傘出去吧」〔註103〕。他運用典故的創造性不及廢名，也不像廢名對用典手法有恁大的興趣。

三、「成熟的溢露」

廢名從中國傳統文學中找到「用典」這樣一種方式，來集中他對於中國文學特徵的思考。廢名認爲：「中國的好文章，要有典故才有文章！」〔註104〕集中表達這一觀點的文章，是《談用典故》的全文與《再談用典故》的末尾一節。廢名認爲：

> 中國的詩人是以典故寫風景，以典故當故事了。中國文學裏沒有史詩，沒有悲劇，也不大有小說，所有的只是外國文學裏最後才發達的「散文」。於是中國的散文包括了一切，中國的詩也是散文。最顯明的徵象便是中國的文章裏（包括詩）沒有故事。沒有故事故無須結構，他的起頭同他的收尾是一樣，他是世界上最自由的文章了。這正同中國的哲學一樣，他是不需要方法的，一句話便是哲學。所以在中國文章裏，有開門見山的話。其妙處全在典故。〔註105〕

> 外國文學重故事，中國文學沒有故事只有典故，一個表現方法是戲劇的，一個只是聯想只是點綴。這是根本的區別，簡直是東西方文化的區別。〔註106〕

這兩段話鮮明地體現出廢名是在中國文學與外國文學的比較中強調典故的中國文學特色的。「中國的文章（包括詩）」沒有故事，這種概括性的提法顯示出廢名認爲中國文學的特色不是講究結構的，而是聯想和點綴。廢名並且將此上昇到中國哲學的特徵、東西方文化的區別這個層面來討論。

在《莫須有先生坐飛機以後》的第十三章中，廢名對這個觀點給出了詳細的說明：

> 庚信文章是成熟的溢露，沙〔莎〕翁劇本則是由發展而達到成熟了。即此一事已是中西文化根本不同之點。因爲是發展，故靠故

〔註103〕林庚：《滬之雨夜》，《林庚詩選》，人民文學出版社1985年版，第55頁。
〔註104〕廢名：《談用典故》，《天津民國日報・文藝》1948年2月16日第115期。
〔註105〕廢名：《談用典故》，《天津民國日報・文藝》1948年2月16日第115期。
〔註106〕廢名：《再談用典故》，《天津民國日報・文藝》1948年3月1日第117期。

事。因爲是溢露，故恃典故。莫須有先生是中國人，他自然也屬於
溢露一派，即是不由發展而達到成熟。但他富有意境而不富有才情，
故他的溢露仍必須靠情節，近乎莎翁的發展，他不會有許多典故的。
若富有才情如庾信之流，他的典故眞是取之不盡用之不竭，天才的
海裏頭自然有許多典故之魚了。這個魚又正是中國文字的特產。……
因爲有這樣的故事在意識之中，故詩人逢著要溢露的時候便溢露
了，溢露出來乃是中國文章用典故。若外國文章乃是拿一個故事演
成有頭有尾的情節了。詩人的天才是海，典故是魚，這話一點也不
錯的。海裏頭自然會有魚，魚也必然得水而活躍，此庾信所以信筆
成文之故，他的文章不是像後人翻類書寫的。……庾信正表現中國
文字中國文章之長。〔註107〕

廢名在論述庾信的用典時提出了「成熟的溢露」這一概念，並且討論了自己
與庾信的距離。廢名認爲能活用典故的最後依據在於詩人的「才情」，這便陷
於不能分析的境地了。廢名認爲，典故是許多故事，這些故事像魚一樣活在
詩人的才情的海中，所以「逢著要溢露的時候便溢露了」。這裡，體現出廢名
的一種思路，即他自己的才情不及庾信，所以他不能全是溢露，「他的溢露仍
必須靠情節，近乎莎翁的發展，他不會有許多典故的」。也就是說，廢名認爲
用典的詩人，是成熟了的藝術生命的自然流露。而如果有情節、結構、發展，
那便不是詩人內心已經成熟的生命的流露，而是依靠一個外在的發展過程而
達到成熟。廢名認爲這是中國文學、文化與西方的區別大體所在。

　　關於中國的思維方式與西方的思維方式的區別，已經有很多論述。一般
的看法是，西方哲學的思考方式是通過定義概念，通過概念的演繹建立體系，
而中國的思維方式是以吉光片羽式的感悟、靈感建立思想。廢名之所以把用
典說成「成熟的溢露」，是指這種文學表達方式是通過一種類比、暗示的方式
揭示道理、表達感情。廢名想說這是中國思維的特徵，與西方人以邏輯推演、
建立體系來論述對象的方式不同。反映在文學作品上，西方文學的戲劇、小
說等注重情節、結構等需要「經過發展而展開情感」，而中國的詩歌注重抒情。
廢名在西方與中國的框架中思考傳統與現代的問題，他立足於他所體認的中
國文學的特徵，試圖以用典作爲接續傳統的現代化表達。

〔註107〕廢名：《莫須有先生坐飛機以後・民國庚辰元旦》，《文學雜誌》1948 年 7 月 1
　　　　日第 3 卷第 2 期。

　　而廢名所討論的用典的「成熟的溢露」所反映的中國文學、文化特徵，高友工的《中國文化史中的抒情傳統》一文中以「抒情傳統」這個概念進行了分析。高友工認爲，中國自有史來以抒情詩爲主形成了一個抒情傳統，它的建立與發展基於一套基層的抒情美典。他認爲，抒情美典是以自我現時的經驗爲創作品的本體或內容。因此它的目的是保存此一經驗，而保存的方法是「內化」（internalization）與「象意」（symbolization）。而與抒情美典對應的敘述及描寫的敘事美典的交流方式則是「外觀」（display）與「代表」（representation）。高友工認爲，講抒情傳統也就是探索在中國文化（至少在藝術領域中），一個內向的（introversive）價值論及美典如何以絕對優勢壓倒了外向的（extroversive）美典，而滲透到社會的各階層。抒情美典是以經驗存在的本身爲一自足之活動，不必外求目的或理由。他認爲如果一段經驗可以濃縮爲一個瞬間，而又能在這瞬間含蘊了整個經驗對個人的衝擊，則這一種濃縮了瞬息的個人心界也許可稱爲「視界」（vision），也許可稱爲「境界」（inscape）。〔註108〕

　　結合高友工關於「抒情美典」的界定和分析可以看出，廢名所說的用典的「成熟的溢露」的創作過程，與高友工所說的抒情美典的「內化」和「象意」所指稱的是同樣的對象。在高友工的論述系統中，瞬間含蘊整個經驗對個人衝擊的「視界」或「境界」，說的正是廢名的「成熟」和「溢露」。兩者的區別是高友工用一些概念分析了這個過程，而廢名是用一種比喻的說法來突出這種「內化」和「象意」的精神核心。廢名「成熟的溢露」所指稱的用典，是高友工論述的抒情傳統中的重要內容之一。

　　在具體的創作中，廢名是將這「成熟的溢露」著落在典故的運用上的。從前節的分析可以看出，廢名用典用的是典故的字面義。這樣，廢名的「成熟的溢露」便達到多層次的境地，這裡至少可以區分出三層。第一層，廢名所使用典故的語境義。這是廢名在語境中爲典故從字面上賦予的意義。第二層，典故的本意。第三層，即前兩層意義之間的距離形成了第三層意義。廢名的「成熟的溢露」，便是在三個層次上同時進行。這裡，廢名極大地拓寬了用典這種文學表現手法的表現力。

　　在與西方文學的比較和交流中，廢名並未對西方結構式的敘事體系稱羨，

〔註108〕高友工：《中國文化史中的抒情傳統》，《美典：中國文學研究論集》，三聯書店 2008 年版，第 91～99 頁。

而是立足中國古典文學傳統，尋找具中國特點的文學表達。在人情物理和科學常識觀點的燭照下，選擇傳統資源中適合現代社會理念的部分，以文學典故的方式來表達。典故的暗示性正是「成熟的溢露」審美特徵的體現。他通過自己的思考，極大地豐富了「用典」這一富於中國特色的文學手法的表現力，使它發展為現代形式。這裡顯示出廢名對於西方文學和中國文學的關係的思考。

結　論

　　通過對廢名作品的思想資源，廢名創作的思想和審美特徵這幾個方面的
分析，我們可以得出如下結論：

　　廢名早期關注先秦典籍《論語》、《老子》、《莊子》，中期關注《孟子》、《四
書集注》、《伊川學案》，後期關注唯識宗的理論，經歷了從「文學家」到「思
想家」，從先秦儒家（孔子）到程朱理學並進一步受唯識理論影響的過程。從
思想資源上看，廢名的小說人物，特別是成熟期的代表作中的人物，都不是
現實生活中可見的人物，是廢名在中國傳統中提取出來的思想資源的代表。
他們的一言一行、一顰一笑都有深刻的思想背景。廢名作品中的核心意象體
現出他對世界與生命本身的體悟。他的新詩和小說呈現了清晰的理路。他的
新詩是說理詩，他在小說中常以前後呼應的方式點明自己的意圖所在。愛情
問題是廢名作品的核心問題之一，他是從中西方文學差別，甚至是從中國人
人格的缺陷角度去討論愛情問題的，體現出從愛情中解脫人我、生死的特色。
廢名受周作人科學常識和「人情物理」思想的影響，以此為標準對中國傳統
的思想資源進行轉化。他標舉幻想境界，力圖超脫現實政治和道德的功利一
面，追求非功利的審美世界。廢名在中國古典文學的已有成就中尋找可以為
現代文學發展提供啓示意義的根據，在文學辭藻的審美品格上孜孜追求。

　　廢名的小說人物不是現實生活中可見的人物，他們身上集中了中國傳統
思想資源的鮮明特徵。廢名經過自己的獨特思考，往往會從具體事物的描摹
直接上昇到對世界和人生、生命的體悟，引起廢名興趣的也正是由具體事物
所引發的玄思。廢名有意使自己的作品與現實生活保持距離，還表現在他不
關注現實政治、道德等諸種尺度，集中注意力於作品的審美品格。這些地方

都促成了廢名的小說超出現實世界，關注思想文化、關注觀念世界的特徵，可稱爲「思想文化型」小說，它反映出廢名對中國與西方，傳統與現代，文學與政治……種種問題的獨立思考。

廢名在《阿賴耶識論》中感慨說：「中土讀書人則因籠統於認識事理，急迫於眼前生活，未必樂於談學問，未必不笑我們迂闊。」〔註1〕從大體上言之，正是在比較西方文學與中國文學的思考中，廢名認識到中國文學太急迫於眼前生活。於是，對玄思和審美世界的追求便成爲廢名「矯枉」或者說爲民族文化注入生機的嘗試。同時，這種嘗試是以從中國文學和思想傳統中作選擇、提純及擴而大之的方式進行的。廢名以符合現代人的理性和情感的「科學常識」、「明淨感情」、「清澈智理」爲標準，從傳統文學中尋找相似質素的作品，在學習中體會和繼承前代作家的創作經驗，在他的小說人物和核心意象上傾注自己的思考和體悟所得。經過這樣具象化的方式，廢名在現代文學中不但爲中國文學和思想傳統增加了新內容，也爲傳統創造了新生命。同時，廢名稱用典爲「成熟的溢露」，認爲中國文章恃典故，這也是他在以西方文學爲參照時，思考所得的中國文學和思維方式的特徵。在此認識基礎上，他在作品中大量使用典故的字面義，使用典這一文學手法從古代的形式發展到了現代的形式，使中國傳統的文學手法跨越了題材和文體的限制，在現代小說中獲得了延續和發展。

「人生可留戀，便因爲文章可留戀」〔註2〕，廢名執著文學的獨立價值，通過個人的獨立思考，在學習西方中接續傳統，從兩種思想資源的統一中鎔鑄新形式。廢名的嘗試具有獨特的思想價值和審美價值，對中國現代文學和現代思想的進一步發展具有啓示意義。

〔註1〕廢名：《阿賴耶識論・述作論之故》，王風編：《廢名集》，第1843頁。
〔註2〕廢名：《莫須有先生坐飛機以後・民國庚辰元旦》，《文學雜誌》1948年7月1日第3卷第2期。

參考書目

一、研究基本材料

1. 廢名：《阿賴耶識論》，遼寧教育出版社 2000 年版。

2. 廢名：《廢名集》，北京大學出版社 2009 年版。

3. 廢名：《莫須有先生傳》，開明書店 1932 年版。

4. 廢名：《橋》，開明書店 1932 年版。

5. 廢名：《桃園》，古城書社 1928 年版。

6. 廢名、朱英誕：《新詩講稿》，北京大學出版社 2008 年版。

7. 廢名：《棗》，開明書店 1931 年版。

8. 馮文炳：《談新詩》，新民印書館 1947 年版。

9. 馮文炳：《竹林的故事》，廣西師範大學出版社 2003 年版。

10. 廢名：《杜甫寫典型——分析〈前出塞〉、〈後出塞〉》，《東北人民大學人文科學學報》1956 年 1 月第 1 期。

11. 廢名：《杜詩講稿（上）》，《東北人民大學人文科學學報》1956 年 7 月第 3 期。

12. 廢名：《杜詩講稿（下）》，《東北人民大學人文科學學報》1956 年 10 月第 4 期。

13. 陳建軍、馮思純編訂：《廢名講詩》，華中師範大學出版社 2007 年版。

14. 《駱駝草》1930 年 5 月 13 日第 1 期～1930 年 11 月 3 日第 26 期。

15. 《文學雜誌》1947 年 6 月第 2 卷第 1 期～1948 年 11 月第 3 卷第 6 期。

16. 《語絲》周刊 1925 年 3 月第 18 期～1925 年 8 月第 39 期。

17. 上海書店影印《新月》月刊 1932 年 11 月第 4 卷第 5 期～1933 年 6 月第 4 卷第 7 期。

18. 〔英〕奧斯卡・王爾德：《莎樂美 道林・格雷的畫像》，孫法理譯，譯林出版社 1998 年版。

19. 卞之琳：《卞之琳文集》，安徽教育出版社 2002 年版。

20. 〔法〕波德萊爾：《惡之花 巴黎的憂鬱》，錢春綺譯，人民文學出版社 1991 年版。

21. 陳鐵民校注：《王維集校注》，中華書局 1997 年版。

22. 鄧喬彬、彭國忠、劉榮平撰：《絕妙好詞譯注》，上海古籍出版社 2000 年版。

23. 杜甫撰，仇兆鼇注：《杜詩詳注》，中華書局 1979 年版。

24. 王琦注：《李太白全集》，中華書局 1977 年版。

25. 李漁：《李漁全集》，浙江古籍出版社 1992 年版。

26. 梁遇春：《春醪集：淚與笑》，人民文學出版社 1986 年版。

27. 林庚：《林庚詩選》，人民文學出版社 1985 年版。

28. 林庚：《林庚文選》，葛曉音編選，北京大學出版社 2010 年版。

29. 劉學鍇、余恕誠編著：《李商隱詩歌集解》，中華書局 1988 年版。

30. 倪璠注：《庾子山集注》，中華書局 1980 年版。

31. 〔西〕塞萬提斯：《堂吉訶德》，楊絳譯，人民文學出版社 1987 年版。

32. 〔英〕莎士比亞：《莎士比亞全集》，朱生豪譯，人民文學出版社 1978 年版。

33. 沈啓無編選，黃開發校訂：《近代散文抄》，東方出版社 2005 年版。

34. 釋慧皎撰，湯用彤校注，湯一玄整理：《高僧傳》，中華書局 1992 年版。

35. 蕭統編，李善注：《文選》，上海古籍出版社 1986 年版。

36. 俞平伯：《俞平伯全集》，花山文藝出版社 1997 年版。

37. 袁行霈撰：《陶淵明集箋注》，中華書局 2003 年版。

38. 趙崇祚輯，李一氓校：《花間集校》，人民文學出版社 1958 年版。

39. 周氏兄弟合譯文集：《現代日本小說集》，新星出版社 2006 年版。

40. 周振甫譯注：《詩經譯注》，中華書局 2002 年版。

41. 周作人：《雨天的書》，北新書局 1927 年版。

42. 周作人：《苦竹雜記》，良友圖書印刷公司 1936 年版。

43. 周作人：《藝術與生活》，群益書社 1931 年版。

44. 周作人：《自己的園地》，北新書局 1928 年版。

45. 周作人：《周作人自選集》，河北教育出版社 2002 年版。

46. 周作人講校，鄧恭三記錄：《中國新文學的源流》，人文書店 1934 年版。

二、研究參考資料

論　著

1. 〔英〕E.M.福斯特：《小說面面觀》，馮濤譯，人民文學出版社 2009 年版。

2. 〔美〕J.希利斯·米勒：《解讀敘事》，申丹譯，北京大學出版社 2002 年版。

3. 〔美〕W·C·布斯：《小說修辭學》，華明、胡曉蘇、周憲譯，北京大學出版社 1987 年版。

4. 〔俄〕巴赫金：《拉伯雷研究》，李兆林、夏忠憲等譯，河北教育出版社 1998 年版。

5. 〔俄〕巴赫金：《陀思妥耶夫斯基詩學問題：複調小說理論》，白春仁、顧亞鈴譯，三聯書店 1988 年版。

6. 〔法〕保羅·利科：《活的隱喻》，汪堂家譯，上海譯文出版社 2004 年版。

7. 〔法〕貝爾納·瓦萊特：《小說——文學分析的現代方法與技巧》，陳豔譯，天津人民出版社 2003 年版。

8. 〔古希臘〕柏拉圖：《柏拉圖全集》，王曉朝譯，人民出版社 2002 年版。

9. 〔丹〕勃蘭兌斯：《十九世紀文學主流》，人民文學出版社 1982 年版。

10. 陳鼓應：《老子注譯及評介》，中華書局 1984 年版。

11. 陳鼓應：《莊子今注今譯》，中華書局 1983 年版。

12. 陳建軍：《廢名年譜》，華中師範大學出版社 2003 年版。

13. 陳寅恪：《柳如是別傳》，三聯書店 2001 年版。

14. 陳振國：《馮文炳研究資料》，海峽文藝出版社 1991 年版。

15. 〔法〕茨維坦·托多羅夫：《象徵理論》，王國卿譯，商務印書館 2004 年版。

16. 〔法〕達維德·方丹：《詩學——文學形式通論》，陳靜譯，天津人民出版社 2003 年版。

17. 〔法〕蒂費納·薩莫瓦約：《互文性研究》，邵煒譯，天津人民出版社 2003 年版。

18. 〔唐〕法藏著，方立天校釋：《華嚴金師子章校釋》，中華書局 1983 年版。

19. 〔德〕費希特：《論學者的使命、人的使命》，梁志學、沈眞譯，商務印書館 1984 年版。

20. 〔德〕費希特：《倫理學體系》，梁志學、李理譯，商務印書館 2010 年版。

21. 高友工：《美典：中國文學研究論集》，三聯書店 2008 年版。

22. 格非：《塞壬的歌聲》，上海文藝出版社 2001 年版。

23. 格非：《小說敘事研究》，清華大學出版社 2002 年版。

24. 葛浩文：《蕭紅傳》，復旦大學出版社 2011 年版。

25. 〔美〕格里德:《胡適與中國的文藝復興——中國革命中的自由主義（1917 ～1937）》,魯奇譯,江蘇人民出版社 1993 年版。

26. 郭英德:《中國古代文體學論稿》,北京大學出版社 2005 年版。

27. 〔美〕哈羅德·布魯姆:《影響的焦慮——一種詩歌理論》,徐文博譯,江蘇教育出版社 2006 年版。

28. 〔德〕黑格爾:《小邏輯》,賀麟譯,商務印書館 1980 年版。

29. 黃梅縣政協教文衛文史資料委員會編:《廢名先生》,《黃梅文史資料》第十一輯,2003 年版。

30. 〔唐〕慧能著,郭朋校釋:《壇經校釋》,中華書局 1983 年版。

31. 〔隋〕吉藏疏:《中論 百論 十二門論》,上海古籍出版社 2011 年版。

32. 江弱水:《古典詩的現代性》,三聯書店 2010 年版。

33. 〔英〕傑弗里·N·利奇:《語義學》,李瑞華、王彤福、楊自儉、穆國豪譯,上海外語教育出版社 1987 年版。

34. 鳩摩羅什等:《佛教十三經》,中華書局 2010 年版。

35. 〔德〕康德:《純粹理性批判》,鄧曉芒譯,楊祖陶校,人民出版社 2004 年版。

36. 〔德〕康德:《判斷力批判》,鄧曉芒譯,楊祖陶校,人民出版社 2004 年版。

37. 〔德〕康德:《實踐理性批判》,鄧曉芒譯,楊祖陶校,人民出版社 2003 年版。

38. 〔美〕克林斯·布魯克斯:《精緻的甕 詩歌結構研究》,郭乙瑤、王楠、姜小衛等譯,上海人民出版社 2008 年版。

39. 李健吾:《咀華集·咀華二集》,復旦大學出版社 2005 年版。

40. 梁啟超:《佛學研究十八篇》,遼寧教育出版社 1998 年版。

41. 梁啟超:《論中國學術思想變遷之大勢》,夏曉紅導讀,上海古籍出版社 2001 年版。

42. 〔南朝梁〕劉勰著,周振甫譯注:《〈文心雕龍〉譯注》,江蘇教育出版社 2006 年版。

43. 羅鋼、劉象愚主編:《文化研究讀本》,中國社會科學出版社 2000 年版。

44. 羅爾綱:《師門五年記·胡適瑣記》,三聯書店 2006 年版。

45. 羅積勇:《用典研究》,武漢大學出版社 2005 年版。

46. 〔法〕米歇爾·福柯:《知識考古學》,謝強、馬月譯,顧嘉琛校,三聯書店 2003 年版。

47. 〔日〕木山英雄:《北京苦住庵記——日中戰爭時代的周作人》,趙京華譯,三聯書店 2008 年版。

48. 〔加〕諾思羅普·弗萊:《批評的解剖》,陳慧、袁憲軍、吳偉仁譯,吳持哲校譯,百花文藝出版社 2006 年版。

49. 〔瑞士〕皮亞傑:《結構主義》,商務印書館 1984 年版。

50. 〔宋〕普濟著,蘇淵雷點校:《五燈會元》,中華書局 1984 年版。

51. 錢理群:《周作人傳》,北京十月文藝出版社 1990 年版。

52. 〔美〕喬納森·卡勒:《結構主義詩學》,盛寧譯,中國社會科學出版社 1991 年版。

53. 〔美〕喬納森·卡勒:《論解構》,陸揚譯,中國社會科學出版社 1998 年版。

54. 〔俄〕什克洛夫斯基等著:《俄國形式主義文論選》,方珊等譯,三聯書店 1989 年版。

55. 《十三經注疏》整理委員會整理,李學勤主編:《十三經注疏·禮記正義》,北京大學出版社 1999 年版。

56. 釋印順:《淨土與禪》,中華書局 2011 年版。

57. 釋印順:《攝大乘論講記》,中華書局 2011 年版。

58. 釋印順:《唯識學探源》,中華書局 2011 年版。

59. 釋印順:《中觀論頌講記》,中華書局 2011 年版。

60. 〔漢〕司馬遷:《史記》,裴駰集解,司馬貞索隱,張守節正義,中華書局 2000 年版。

61. 〔美〕蘇珊·S·蘭瑟:《虛構的權威——女性作家與敘述聲音》,黃必康譯,北京大學出版社 2002 年版。

62. 孫玉蓉編纂:《俞平伯年譜》,天津人民出版社 2001 年版。

63. 〔丹〕索倫·奧碧·克爾凱郭爾著:《論反諷概念》,湯晨溪譯,中國社會科學出版社 2005 年版。

64. 〔北梁〕曇元讖譯,林世田等點校:《涅槃經》,宗教文化出版社 2001 年版。

65. 〔法〕托多羅夫:《巴赫金、對話理論及其他》,蔣子華、張萍譯,百花文藝出版社 2001 年版。

66. 〔英〕托馬斯·卡萊爾:《論英雄、英雄崇拜和歷史上的英雄業績》,周祖達譯,張自謀校,商務印書館 2005 年版。

67. 王德威:《抒情傳統與中國現代性》,三聯書店 2010 年版。

68. 〔英〕威廉·燕卜蓀:《朦朧的七種類型》,周邦憲、王作虹、鄧鵬譯,黃新渠、吳福臨審校,中國美術學院出版社 1996 年版。

69. 〔前蘇〕維·什克洛夫斯基:《散文理論》,劉宗次譯,百花洲文藝出版社 1997 年版。

70. 吳曉東：《鏡花水月的世界——廢名〈橋〉的詩學研讀》，廣西教育出版社 2003 年版。

71. 〔美〕奚密：《現代漢詩——一九一七年以來的理論與實踐》，奚密、宋炳輝譯，三聯書店 2008 年版。

72. 熊十力：《新唯識論》，中國人民大學出版社 2009 年版。

73. 〔荷〕許理和：《佛教征服中國：佛教在中國中古早期的傳播與適應》，李四龍、裴勇等譯，江蘇人民出版社 2005 年版。

74. 〔唐〕玄奘譯，韓廷傑校釋：《成唯識論校釋》，中華書局 1998 年版。

75. 楊伯峻編著：《春秋左傳注》，中華書局 1990 年版。

76. 楊伯峻譯注：《論語譯注》，中華書局 1980 年版。

77. 楊伯峻譯注：《孟子譯注》，中華書局 1960 年版。

78. 余英時：《士與中國文化》，上海人民出版社 2003 年版。

79. 余英時：《中國思想傳統及其現代變遷》，廣西師範大學出版社 2004 年版。

80. 〔美〕詹姆斯·費倫：《作為修辭的敘事：技巧、讀者、倫理、意識形態》，陳永國譯，北京大學出版社 2002 年版。

81. 張吉兵：《抗戰時期廢名論》，華中師範大學出版社 2008 年版。

82. 〔清〕章學誠撰，呂思勉評，李永圻、張耕華導讀整理：《文史通義》，上海古籍出版社 2008 年版。

83. 趙毅衡編選：《符號學文學論文集》，百花文藝出版社 2004 年版。

84. 趙毅衡編選：《新批評文集》，百花文藝出版社 2001 年版。

85. 〔梁〕真諦譯，高振農校釋：《大乘起信論校釋》，中華書局 1992 年版。

86. 〔美〕周策縱：《五四運動：現代中國的思想革命》，周子平等譯，江蘇人民出版社 1999 年版。

87. 〔宋〕朱熹撰，徐德明校點：《四書章句集注》，上海古籍出版社、安徽教育出版社 2001 年版。

論　文

1. 卞之琳：《〈馮文炳選集〉序》，《馮文炳選集》，人民文學出版社 1985 年版。

2. 馮仰操：《論周作人對滑稽文學的批評與借鑒》，南京大學 2011 年碩士畢業論文。

3. 灌嬰（余冠英）：《橋》，《新月》1932 年 11 月 1 日第 4 卷第 5 期。

4. 鶴西：《談〈橋〉與〈莫須有先生傳〉》，《文學雜誌》1937 年 8 月 1 日第 1 卷第 4 期。

5. 李晗：《論廢名小說的文體》，南京大學 2005 年碩士畢業論文。

6. 劉西渭（李健吾）：《邊城——沈從文先生作》,《咀華集》,文化生活出版社 1936 年版。

7. 劉西渭（李健吾）：《畫夢錄——何其芳先生作》,《咀華集》,文化生活出版社 1936 年版。

8. 李健吾：《新詩的演變》,《大公報·小公園》1935 年 7 月 20 日第 1740 號。

9. 劉皓明：《廢名的表現詩學——夢、奇思、幻和阿賴耶識》,李春譯,《新詩評論》,2005 年第 2 輯,北京大學出版社 2005 年版。

10. 凌宇：《從〈桃園〉看廢名藝術風格的得失》,《十月》1981 年第 1 期。

11. 孟實（朱光潛）：《橋》,《文學雜誌》1937 年 7 月 1 日第 1 卷第 3 期。

12. 倪偉：《「亂寫」與顛覆：〈莫須有先生傳〉的敘事解讀》,《中國現代文學研究叢刊》1993 年第 3 期。

13. 沈從文：《論馮文炳》,《沫沫集》,上海大東書局 1934 年版。

14. 石明圓：《徘徊在出世與入世中間——傳統文化積澱與廢名小說的思想藝術訴求》,東北師範大學 2010 年博士畢業論文。

15. 王岩石：《廢名文學思想研究》,吉林大學 2010 年博士畢業論文。

16. 吳曉東：《新發現的廢名佚詩 40 首》,《中國現代文學研究叢刊》1998 年第 1 期。

17. 西渡：《廢名新詩理論探賾》,《新詩評論》,2005 年第 2 輯,北京大學出版社 2005 年版。

18. 謝錫文：《邊緣視域 人文問思——廢名思想論》,山東大學 2008 年博士畢業論文。

19. 張麗華：《廢名小說中的「文字禪」——〈橋〉與〈莫須有先生傳〉的語言研究》,《中國現代文學研究叢刊》2004 年第 3 期。